高职高专机电系列教材

实用汽车车身修复技术

马　俊　陆文灏　主　编

刘　森　崔传真　魏　婕　副主编

清华大学出版社

北京

内 容 简 介

本书以乘用车为学习主体，详细介绍了车身修复的常见方法和工艺。本书的编写思路是以企业车身修复典型工作任务为主线，依据职业能力进阶规律共设置了八个项目，教学内容包括拆解、修复、安装等企业实际作业的标准流程。本书打破了传统教材的章节体例，以学习任务为一个完整的学习过程，每个学习任务的内容既相互独立，又有内在联系。

本书既可作为高职院校汽车检测与维修技术及相关专业的教材，也可作为从事车身维修的人员、事故车评估人员的自学参考书。

图书在版编目(CIP)数据

实用汽车车身修复技术 / 马俊，陆文灏主编. --北京：清华大学出版社，2025.5.

ISBN 978-7-302-68346-9

Ⅰ. U472.41

中国国家版本馆 CIP 数据核字第 2025SG7896 号

责任编辑：陈冬梅
装帧设计：李　坤
责任校对：么丽娟
责任印制：刘海龙

出版发行：清华大学出版社
　　　　　网　　　址：https://www.tup.com.cn, https://www.wqxuetang.com
　　　　　地　　　址：北京清华大学学研大厦 A 座　　　　邮　　编：100084
　　　　　社 总 机：010-83740000　　　　　　　　　　邮　　购：010-62786544
　　　　　投稿与读者服务：010-62776969, c-service@tup.tsinghua.edu.cn
　　　　　质量反馈：010-62772015, zhiliang@tup.tsinghua.edu.cn
　　　　　课件下载：https://www.tup.com.cn, 010-62791865
印 装 者：三河市科茂嘉荣印务有限公司
经　　销：全国新华书店
开　　本：185mm×260mm　　　印　张：11.25　　　字　数：270 千字
版　　次：2025 年 5 月第 1 版　　　　　　　印　次：2025 年 5 月第 1 次印刷
印　　数：1～1500
定　　价：40.00 元

产品编号：095572-01

前　言

2019 年国务院发布的《国家职业教育改革实施方案》提出了"三教"(教师、教材、教法)的改革任务，要编撰一大批校企"双元"合作开发的国家规划教材。国家教材委员会印发的《全国大中小学教材建设规划(2019—2022 年)》指出，职业教育教材关键是体现"新、实"和新知识、新技术、新工艺及新方法，提升服务国家产业发展的能力。本书积极适应职业教育改革发展的需要，贯彻国家职业教育最新政策，助推"岗课赛证"综合育人，按照"基于工作过程"的教学模式进行编写，突出了项目牵引、任务驱动的职业教育教学特色，集理论知识、实践操作、岗位综合能力及职业素养培养于一体。

车身修复主要面向事故车。随着汽车保有量的不断增加，车身修复行业对相关技术人员的需求也越来越旺盛。汽车产业正在经历大变革，汽车车身材料和结构发生很大变化，因此，对汽车车身修复技术提出了更高的要求。

本书共分为八个项目：项目一为安全防护与钣金工具认识，项目二为汽车车身结构与材料认识，项目三为保险杠及附件的拆装，项目四为前翼子板、前大灯拆装，项目五为后视镜和车门的拆装，项目六为钢板、铝合金板修复，项目七为车身塑料件修复，项目八为车身钢板的更换。

本书由苏州工业职业技术学院马俊、陆文灏担任主编，刘森、崔传真、魏婕任副主编。其中马俊编写项目一、项目二，陆文灏编写了项目三、项目四、项目五，刘森编写了项目六，崔传真编写了项目七，魏婕编写了项目八。特别感谢苏州天丰汽车集团有限公司孙加春高级技师全程参与技术指导，将企业的技术经验无私地呈现给读者。另外，还要感谢清华大学出版社的编辑对本书的大力支持。全书由南京工业职业技术大学丁继斌教授担任主审。

由于编者水平有限，书中难免存在不妥和疏漏之处，恳请广大读者批评和指正。

编　者

目　　录

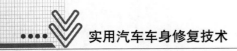

项目一
安全防护与钣金工具认识

任务一　车身修复安全与防护

学习目标

(1) 熟悉车身维修车间每个工作区的安全规则。

(2) 能够做好个人防护工作。

(3) 能够处理好车间突发的安全事故。

车身修复安全
与防护

一、环境安全

车身修复必须做好修复场所的安全防护工作，保障生产环境的安全、劳动对象的安全和操作者的安全，营造良好、安全的生产环境。

车身维修场所会产生一定的有毒有害气体和灰尘等，例如，使用具有强烈挥发成分的涂料、清洁剂和进行焊接操作时产生的有毒有害烟气等，都对人体有一定的损害。因此，操作人员要做好劳动防护工作，尤其是呼吸系统的保护。另外，溶剂具有易燃性，因此也要做好防火工作。以上的修复操作，最好在通风良好的环境下进行，修复车间要具有良好的通风换气设施，对溶剂的挥发成分还要做好过滤工作，然后才能排放到大气中。

二、使用电器的安全

车身修理人员在使用电器时应遵循以下安全操作规范。

(1) 修理电动设备和电动工具前应先断开电源，避免电击危险的发生，严重的可能发生伤害事故。

(2) 保持地面无水。如果带电导线落入有人的水坑中会带来电击危险，所以使用电动工具时必须保持地面干燥、无水。

(3) 应确保电动工具和设备的电源线正确接地。如果电源线中的接地插头断裂，则应更换插头后再使用工具。定期检查电线的绝缘层有无裂纹或裸露出导线，及时更换有破损的电线。

三、工具设备的安全

车身修理人员必须具有极强的安全操作意识，特别在使用工具设备时更应如此。

(1) 手动工具必须保持干净、整洁和状态完好，任何断裂、毛刺和削口等都有可能造成操作者受伤或导致被修车辆及其他工具设备不必要的损伤，油污可能造成手动工具脱落而引发危险。

(2) 专用工具除用于专门场合外，不得进行其他任何操作，量具等精密器械更应妥善保管。

(3) 使用电动工具时要确保接地可靠；检查绝缘状况；在接通电源之前，确保开关处于关闭状态，用毕应切断电源；使用手持电动工具时不要站在潮湿的地面上。

(4) 进行动力打磨、修整和钻削等工作时，必须佩戴防护目镜，使用高速电钻时不得戴手套，打磨小件时不得用手持握工件。

(5) 使用液压千斤顶和其他液压工具时，要保障使用的安全性，做好防护工作。在举升器等设备下工作时要保障安全锁的工作正常。

(6) 使用电气焊或进行明火操作时要注意防火，设备使用完毕要将设备安放在特定的场地，关闭电源和气源。

(7) 在车上进行电气等设备操作时要注意电气管路不要被车身上的锐利断口切断，以免造成危险。

(8) 进行任何操作时，不要把冲子或其他尖锐的手动工具放到口袋里，以免刺伤自己或损坏车辆。

(9) 将所有的零件和工具整齐、正确地存放在指定位置，保证其他工作人员不会被绊倒，同时还缩短寻找零件或工具的时间。

(10) 在用动力设备对小零件进行操作时，不要一手持零件，一手持工具操作，以免零件滑脱，造成手部的严重伤害。在进行研磨、钻孔、打磨时，一定要使用加紧钳或台钳来固定小零件。

(11) 焊接用的气瓶要固定牢靠，防止倾倒发生危险。使用完毕后，应关上气瓶顶部的主气阀，避免气体泄漏流失或爆炸。

(12) 不要用压缩空气来清洁衣物。压缩空气不能直接对着皮肤吹，即使是在较低的压力下，压缩空气也能使灰尘粒子嵌入皮肤，引起皮肤发炎。

(13) 焊机的电缆线外皮必须完整、绝缘良好且柔软。焊机电缆线应使用整根电缆线，中间不应有连接接头。当电缆线需要接长时，应使用接头连接器连接，连接处应保持绝缘良好，而且接头不宜超过两个。

(14) 焊机应根据额定负载持续率和额定电流使用，严禁超载运行，避免绝缘烧损。

(15) 焊机必须装有独立的专用电源开关，其容量应符合要求。需要注意的是，禁止多台焊机共用一个电源开关。

四、维修车辆的安全

车辆进入修理场地后，要做好以下防护工作。

(1) 必须做好驻车制动工作，关闭发动机，将挡位置于空挡。

(2) 车辆举升操作时要做好车辆的支撑工作，并保障支撑安全。

(3) 将车辆的蓄电池拆下，保障车辆用电设备的安全。另外，点火开关处于关闭状态。

(4) 车辆关闭后，待炽热部件(排气管、消音器等)冷却后方可进行有关操作。车辆如有汽油、机油泄漏等，必须采取措施，防止发生火灾。

(5) 禁止焊接车辆的油箱，也不要在其附近进行高热的操作。

五、劳动防护

1. 眼睛的防护

从事容易产生火花、飞尘、飞屑及有害液体飞溅的作业过程中，必须佩戴护目镜，如图 1-1 所示。

在进行可能会造成严重面部伤害的操作时，仅戴防护眼镜还无法给予足够的保护，应佩戴全尺寸防护面罩，如图 1-2 所示。

从事易产生强光的焊接作业，必须佩戴焊接护目镜或焊接面罩。必须根据不同的防护目的，选配不同功能的焊接护目镜或焊接面罩，如图1-3所示。

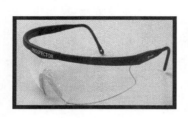  

图1-1　护目镜　　　　　图1-2　防护面罩　　　　　图1-3　焊接面罩

2. 手部防护

进行车身拆装或者钣金作业时，应戴防滑棉手套，如图1-4所示。

为防止溶液对手造成伤害，在除油作业中应戴耐溶剂手套，如图1-5所示。

焊接时应戴专用皮质防护手套，如图1-6所示。

 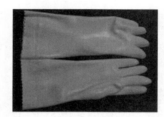 

图1-4　防滑棉手套　　　　图1-5　耐溶剂手套　　　　图1-6　皮质防护手套

3. 呼吸道的防护

对镀锌钢板进行焊接时产生的焊接烟尘、打磨抛光时产生的微尘、清洗部件时挥发的溶剂和喷射防腐剂时挥发的液滴，都会被吸入体内，对人体产生暂时的甚至永久的伤害。在进行上述操作时都应该佩戴呼吸器。

1)　滤筒式呼吸器

滤筒式呼吸器通常有一个橡胶面罩，能够贴合脸部轮廓，保障气密性。有可换的预滤器和滤筒，能够清除空气中的溶剂和其他蒸气。有进气阀和出气阀，保障所有吸入的空气都通过过滤，如图1-7所示。

2)　焊接用呼吸器

焊接用呼吸器上有一个特殊的滤筒，用来吸收焊接灰尘，如图1-8所示。在对镀锌板材进行焊接时，产生的焊接烟尘和锌蒸气会对人体产生非常大的伤害。

3)　防尘呼吸器

防尘呼吸器一般是用多层滤纸制作的廉价纸质过滤器，它能够阻挡空气中的微粒、粉尘进入人的鼻腔、咽喉、呼吸道和肺部。在进行打磨、研磨或用吹风机吹净板件操作时会产生大量的粉尘，应佩戴防尘呼吸器，如图 1-9 所示。

图 1-7　滤筒式呼吸器　　　　图 1-8　焊接用呼吸器　　　　图 1-9　防尘呼吸器

呼吸器的密封性非常重要，它能防止污染的空气通过滤清器进入肺部。因此，使用呼吸器前要检查有无空气泄漏。当使用呼吸器时，呼吸困难或到达更换周期时应更换滤清器。定期检查呼吸器，确保没有裂纹或变形。呼吸器应保存在气密容器内或塑料自封袋中，保持清洁。

4. 耳朵的防护

从事易产生高分贝噪声的作业时，必须佩戴耳罩，若需有敏捷频繁的头部动作，则可佩戴耳塞，如图 1-10 所示。

(a) 带架耳塞　　　　　　　(b) 耳罩　　　　　　　(c) 耳塞

图 1-10　耳朵的防护工具

5. 皮肤的防护

为避免受伤或烧伤，避免将赤裸皮肤暴露在外，应选择坚实且合身的工作服以利于工作，如图 1-11 所示。工作服应避免皮带、带扣、纽扣暴露在外，因为这可能会对车辆造成损坏。焊接作业必须穿焊工夹克或皮围裙，如图 1-12 所示。

6. 脚的防护

钣金作业时，为了保护脚趾免受掉落物砸伤，需穿安全鞋，如图 1-13 所示。

在焊接作业时，需穿上皮质的绑腿、护脚，以避免高温熔化的金属烧穿衣物，如图 1-14 所示。

图 1-11　工作服

图 1-12　皮围裙

图 1-13　安全鞋

图 1-14　护脚

六、消防措施

生产车间的消防安全至关重要，除了要做好各项防火措施外，也要常备灭火器，这是防火的重要措施，当火灾发生时能够进行及时处理。在车间修理操作时，应注意以下消防措施。

(1) 车身修理车间禁止吸烟，因为车间内大量易燃物可能引发火灾。

(2) 在车间内不要随身携带火柴或打火机。

(3) 易燃材料应远离热源。不要在调漆间附近使用割炬或焊接设备。车身隔音材料易燃，对车身板件进行焊接或用割炬、等离子弧切割时必须先将隔音材料拆下。

(4) 进行焊接或切割时，高热量的火星能够存在很长一段距离。不要在油漆、稀释剂或其他可燃液体或材料周围进行焊接或切割；不要在蓄电池周围进行焊接或研磨。

(5) 燃油箱应当排空后拆下。当在燃油箱加油管周围进行作业时，还应将其拧紧并盖上湿抹布。

(6) 在车辆内饰旁边进行焊接或切割时，应拆下座位或地板垫，或用一块浸水的布或焊接毯盖上，最好在旁边备一桶水或一个灭火器。

(7) 车间都要配备水龙头、灭火器、防火沙等灭火器材。

(8) 多用途的干粉灭火器可扑灭易燃物、易燃液体和电气火灾。

(9) 发生火灾时，不要打开门窗，防止空气流动，进而火势加大。

(10) 灭火器应该定期检查，定期重新加注灭火剂。灭火器要摆放在车间的固定位置，并要有明显的标志。

(11) 掌握灭火器的使用方法，具体操作步骤如下。

第一步：把灭火器手柄上的销子拔出来，如图 1-15 所示，这是一个固定销，防止平时意外压下手柄。

第二步：距离火焰约 2.45 米，把喷嘴对准火焰底部，用力压下灭火器的手柄，喷射出灭火剂，如图 1-16 所示。

图 1-15　拔出固定销　　　　　　　　图 1-16　喷嘴对准火焰底部

第三步：移动喷嘴吹扫火焰的底部。火焰扑灭后，要仔细观察，防止火焰死灰复燃。

任务二　钣金工具及设备认识

学习目标

(1) 了解钣金工具的功用和应用场合。

(2) 能正确选用工具。

钣金常用工具
与设备

一、拆装工具

拆装工具可用于拆卸零件、翼子板、车门和类似总成，具体包括扳手、螺钉旋具、钳子及其他。

拆装工具能帮助维修工人完成单纯用双手无法完成的任务，了解如何选择正确的工具，有利于在更短的时间内更高质量地完成工作。

1. 扳手

各种各样的车身零部件、附件及修理厂设备，都使用普通的螺栓、螺母。紧固件既可以是标准的英制件，也可以是公制件。拆装汽车部件，需具备公制和英制的不同大小和样式的扳手。

扳手是指拧紧或松开螺丝、螺母等的工具，也叫扳子。

钳口的宽度决定了扳手尺寸，扳手的尺寸又是所紧固的螺母或螺栓的尺寸，即钳口的尺寸。

扳手的尺寸越大，臂的长度也越长。加大的长度使操作者能够以更大的杠杆力来旋转大尺寸的螺母或螺栓。

另外，公制和英制尺寸的扳手是不能互换的，用正确尺寸的扳手可避免磨圆螺母边角。

1) 开口扳手

每个工具箱必须有一套开口扳手或组合扳手。开口扳手如图 1-17 所示，可在螺栓和螺母旁边滑入和滑出，在紧固件上部或一边间隙不足、无法使用套头扳手的地方使用。

开口扳手同时用于方头(四角)或六方头(六角)螺母，其缺点是螺母只有两个侧面被扳手的钳口夹紧。因此，开口扳手滑离螺母和螺栓的可能性较大，会经常磨圆螺母或伤到手。

在开口扳手两端常呈 15°～80°。这一偏斜角度有利于扳手转动处于凹处或狭小空间内的螺母或螺栓，每转到最大转角后翻转扳手。

2) 套头扳手

套头扳手如图 1-18 所示，其端部是封闭的，而不是开口的，能够更好地用力。扳手的钳口将螺母或螺栓环绕，接触紧固件的每个面。

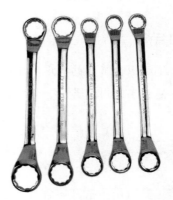

| 图 1-17　开口扳手 | 图 1-18　套头扳手 |

套头扳手使用最安全，可以施加更大的力而不会打滑或将螺栓或螺母头磨圆。许多套头扳手的手柄是偏置的，留出手的握持空间。两端的尺寸通常是不同的。

套头扳手也有其局限性。它必须使钳口有能环绕并套上螺母或螺栓头的足够空隙。套头扳手也必须能在每一次拉动后，离开螺母或螺栓头，转到新的位置。

套头扳手分六方扳手、八方扳手或十二方扳手。六方扳手效力最大，它与六角螺母完全契合，将力全部施加在六个边或面上。八方扳手很少使用，因为它只能与方头螺母相配。十二方扳手也夹着六个面，但它不能压住六角螺母的整个表面，这样就有较大的打滑可能。十二方扳手的优点是扳手能在十二个不同位置上抓牢螺母。在有限的空间内，多出的结合面扩大了扳手的转动范围。

套头扳手的手柄常偏置 10°～60°，这使它易于接触凹陷处的紧固件。

3)　组合扳手

组合扳手一端为开口钳口，另一端为套头钳口，如图 1-19 所示，两头的尺寸相同。车身修理时应配备两套扳手，一套用于紧固，另一套用于转动。组合扳手是第二套扳手的最优选择，它既可以与开口扳手配套使用，也可以与套头扳手配套使用。组合扳手有六方、八方或十二方套头，带或不带偏置的开口钳口和手柄。

图 1-19　组合扳手

4)　活动扳手

活动扳手有一个固定钳口和一个可动钳口，如图 1-20 所示。扳手开口通过旋转与下部钳口的齿相啮合的调整螺钉进行调整，钳口间开口可从完全闭合到最大张开宽度。

图 1-20　活动扳手

活动扳手除了能配合不同尺寸的螺母和螺栓的优点外，还具有与开口扳手相同的优点和缺点。它能在用力时绕螺母或螺栓打滑，它仅在两个面上施力，而且它比套头扳手更易滑脱。

随着使用磨损的日益严重，活动扳手的夹持力也会逐渐降低。钳口会随着力的施加而渐渐松开，并从螺母或螺栓上滑脱。所以，当能使用合适的套头扳手或开口扳手时，就不应使用活动扳手。当必须使用活动扳手时，用它起固定作用而不是转动。一定要牢固地握紧，拉动手柄，让力施加在固定钳口上。

5)　内六角扳手

内六角扳手如图 1-21 所示，是一种六边形扳手。用来拆装带轮、齿轮、后视镜和手柄上的紧固螺钉。

6) 内梅花头紧固件

内梅花头紧固件是一种六角紧固件，它更易于抓牢和转动而不打滑，又被称为星形紧固件，此类扳手一般用在新型汽车上。

在许多汽车上，内梅花头紧固件用在行李架、前照灯和尾灯总成、后视镜固定件、门锁撞板、座椅安全带和外部装饰件上。常用的内梅花头紧固件如图 1-22 所示。

图 1-21　内六角扳手　　　　　图 1-22　内梅花头紧固件

7) 套筒扳手

在许多情况下，使用套筒扳手比开口扳手或套头扳手更快、更简易，且有些操作一定要用到它。

长套筒较长，完全套在琐头螺柱上。旋转套筒在驱动端和套筒本体间有一个万向节。冲击套筒更厚且壳体加硬，以适用于气动冲击扳手。传统套筒或非冲击套筒通常是镀铬的。

基本的套筒扳手套件包括一个手柄和一些圆筒形套筒，如图 1-23 所示。套筒用在给定尺寸的螺母或扳手上，套筒内部的形状类似套头扳手。套筒分为六方、八方、十二方。

套筒的一端是封闭的，在封闭端有一方孔，可容纳套筒手柄上的方形驱动块。

图 1-23　套筒

套筒扳手附件增加了套筒扳手的用途。其常见附件如下。

(1) 棘轮手柄。

(2) 旋转器。

(3) 棘轮适配器。

(4) 中继杆。

(5) 滑动式 T 形手柄。

(6)　快速手柄。

(7)　驱动适配器。

(8)　延长杆。

2. 螺钉旋具

汽车上的许多螺纹紧固件是通过螺钉旋具转动的，有些紧固件很常见，如自攻钣金件螺钉，而其他紧固件不太普遍，如内梅花头或离合器式紧固件，每种紧固件都需要专用的旋具。

所有的螺钉旋具，不管是用于哪种紧固件，都有几点是共同的。螺钉旋具的尺寸由柄杆或刀口的长度决定。手柄的尺寸也很重要，手柄直径越大，则握持得越好，在转动时产生的力矩就越大。

1)　标准头旋具(一字起)

头部为一字槽的螺钉配用标准头旋具，如图 1-24 所示。其刀口和长度应与工作对象相匹配。刀口宽度和厚度应与螺钉头部完全贴合。一套好的标准头应有 5～7 个旋具，从小号旋具到大号旋具，配有多种尺寸。

图 1-24　一字起

2)　十字头旋具(十字起)

十字头旋具的刀口有 4 个尖齿能插入十字螺钉头中的 4 个槽中，如图 1-25 所示。这种类型的紧固件在汽车上经常使用，它不仅比开槽螺钉头好看，还易于拆装。因为它有 4 个表面包围旋具的顶端，所以旋具滑出紧固件的可能性较小。十字头螺钉不同于标准头螺钉，它可用自动工具拧紧，这就是十字头螺钉在当代汽车中普遍应用的首要原因。

图 1-25　十字起

十字头旋具有一个缺点：刀头的尖齿容易变圆。与标准头旋具不同，磨损后的十字头无法再磨尖，必须报废换新。

3)　专用旋具

许多专用旋具取代了一字起或十字头旋具。这些新品种旋具改进了从旋具到紧固件力矩传递，减少打滑，减少工作失误，有些还有防止随意拆卸的功能。三种常用的专用旋具是离合器式旋具、波兹德弗旋具及内梅花头旋具。

3．钳子

钳子是一种在对金属丝、卡子和销子进行操作时握持工件的工具，包括用于普通零件和钢丝的标准钳、用于小零件的尖嘴钳和用于重型工件包括弯曲钣金件的大型可调钳子。

1）组合钳(鱼嘴钳)

组合钳是最常见的钳子，如图 1-26 所示，其钳口既有平的表面也有弯曲的表面，用于握持平的或圆的工件。组合钳也称作滑动支点钳，有两个张开的钳口，一个钳口可以在另一个钳口上的销钉上移上或移下，来变化开口的大小。

2）可调钳

可调钳通常称为管锁，如图 1-27 所示，有一个多位滑动支点，即允许有多种钳口张开尺寸。可调钳对于抓握各种尺寸的工件是有用的，这种钳手柄较长，能充分发挥转动杠杆作用，可调钳的钳口有平面和曲面两种。

图 1-26　组合钳　　　　　　　　　　　　　图 1-27　可调钳

3）尖嘴钳

尖嘴钳有个长的锥形钳口，如图 1-28 所示，它是夹持小零件或是伸入狭窄空间的必不可少的工具。许多尖嘴钳还能用作切线器和导线剥皮器，用它进行电气作业非常方便。尖嘴钳的钳口有的制成 90°角，能在障碍物后边或周围进行操作。

图 1-28　尖嘴钳

二、整形工具

1. 手锤

钣金修理会应用很多不同的锤，它们专门为金属成型作业而制成了特殊的形状。根据各种锤在钣金作业中的用途，可以分为初整形锤、车身钣金锤和精修锤等。

（1）初整形锤比较重，主要用于矫正弯曲的基础构件、修平重规格部件和在未开始使用车身锤和顶铁作业之前的粗成型工作。一般初整形锤的质量多为500~2 500g，锤面较大而且较平，适合于较大面积的修整。初整形锤的材质主要有铁质、橡胶和木质等，如图1-29所示。铁质的初整形锤是复原损毁的较重金属构件必需的工具，重量较大且配以较短的把柄，一般在比较紧凑的地方使用。橡胶锤和木锤由于质地较软，多用于柔和地敲击较薄的钢板，不会引起表面的进一步损坏，用于薄钢板上较大面积损伤的初步修复。有些木锤被制造成锥台形，大头为纯木质，作用与橡胶锤相同；而小头为木质的锤芯外包铁箍，由于接触面积较小且质量轻，因此也适用于金属薄板的精整形。

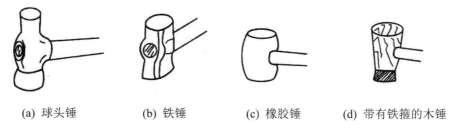

| (a) 球头锤 | (b) 铁锤 | (c) 橡胶锤 | (d) 带有铁箍的木锤 |

图 1-29 初整形锤

（2）车身钣金锤是连续敲打钣金件恢复其形状的基本工具，用于初步整形之后的精整形阶段。它有许多种不同的设计，头部有扁头、尖头、圆头等多种，有各种专门的用途；锤底部基本都是圆形且底部中央凸起而四周略低，这样有利于将力量集中于高点或隆起变形波峰的顶端。车身钣金锤的质量要比初整形锤小很多，多为300~500g，这样的质量有利于进行精度较高的整形修复，同时对周围的二次损伤也较小。图1-30所示为常用的几种车身钣金锤。

尖头锤的尖端有的被制造得很长，兼有撬起凹陷部位的功能，也称为撬镐，其主要用途是利用尖端对小的凸起部分进行修平，并可以利用长长的尖部进行撬起整形；扁头锤的扁头对制筋等部位的轮廓修整非常有用，常用来修整板件上的制筋轮廓边缘；球头弧面锤的球头曲率比较大，适用于很多高隆起加强的板件的内部；常用的上方下圆钣金锤方头一边接触面积较大，可以进行较大面积整形，圆头的接触面积较小，多用于小范围的精整形操作。

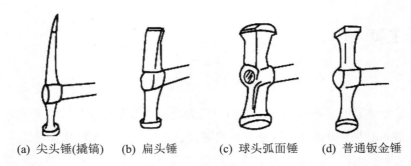

(a) 尖头锤(撬镐)　　(b) 扁头锤　　(c) 球头弧面锤　　(d) 普通钣金锤

图 1-30　车身钣金锤

(3) 精修锤与车身钣金锤形状上没有太大的区别，只是更轻一些，适用于精度较高部位的修整。

2. 手顶铁

手顶铁一般为铁制，如图 1-31 所示，但现在也有铅、木块和塑胶制成的。手顶铁有不同的类型，可配合不同形状的钢板来使用，其主要用途是与手锤配合使用，以使钢板成型。

图 1-31　手顶铁

3. 撬棒

图 1-32 所示为撬棒，通常由碳钢制成，碳钢具有良好的耐久性，并且能有效地抵抗弯曲和变形，不同的类型配合不同形状的钢板来使用，其主要用于较窄小空间中的钢板成型操作。

图 1-32　撬棒

4. 线凿

图 1-33 所示为线凿，一般由碳钢制成，不同式样的线凿可配合不同形状的钢板，在维修车身线时使用。

5. 錾刀

图 1-34 所示为钢制薄錾刀，通常外层包裹橡胶盖以防意外伤到手，其常在已经使用焊点去除钻和车身部分焊接后使用，需随时注意刀刃，以防伤手。

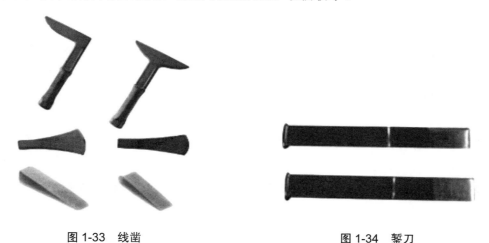

图 1-33　线凿　　　　　　　　　　　　　　　图 1-34　錾刀

6. 碟型砂轮机

图 1-35 所示为碟形砂轮机，由基座、砂轮、电动机或其他动力源、托架、防护罩和给水器等组成。其主要在 MIG 焊接等作业之后来研磨金属板表面。该砂轮机需定期保养，以保障作业安全及效率。

7. 气动切割锯

图 1-36 所示为气动切割锯，其是针对汽车维修而设计的，往复速度高达 1 000Hz/秒，能突破车体切割所造成的共振频率，所以切割速度快，操作稳定性佳。

图 1-35　碟形砂轮机　　　　　　　　　　　图 1-36　气动切割锯

三、常用设备

1. 整形机(介子机)

1) 整形机的工作原理

整形机的电源为 380V/50Hz,通过内部变压器转换成 5～8V 的低电压高电流的直流电。主机上有两条输出电缆:一条连接焊枪,为焊枪电缆;另一条连接搭铁夹,为搭铁电缆。工作时,两条电缆形成一个回路。把搭铁夹连接到车身板件上,焊枪通过圆片介子把电流导通到板件凹陷处,电源电流流经变压器后,电流值已达到 1000～2300A,这时圆片介子与车身板件接触处会产生很大的电阻热,这一热量迫使该点板材及介子熔化,使其原子间互相渗透,从而将介子熔植焊接在车身板材凹陷处,然后利用拉拽工具勾住圆片介子将凹陷处拉出。

2) 整形机的组成

图 1-37 所示为整形机外部组成。其外部主要由电源电缆及电源插头、焊枪及焊枪电缆、搭铁及搭铁夹电缆、功能选择开关、时间调节旋钮、指示灯、保护内部构件的防护罩、便于移动而安装的把手以及车轮等组成。

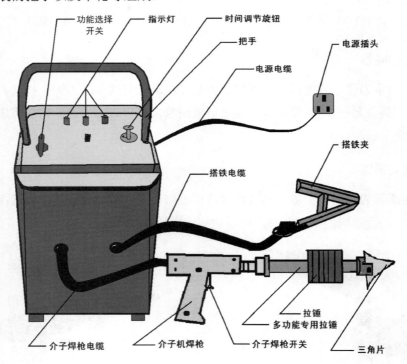

图 1-37 整形机外部组成

整形机拉拔工具及附件主要有：拉钩拉锤如图 1-38 所示，三角片如图 1-39(c)所示、三角垫片加持头如图 1-39(d)所示、圆形垫圈(介子片)如图 1-39(a)所示、圆形垫圈加持头如图 1-39(b)所示、碳棒如图 1-39(f)所示、单面点焊头如图 1-39(e)所示、蛇形焊丝如图 1-39(g)所示。

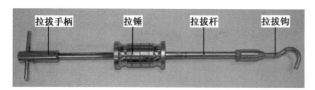

图 1-38　拉钩拉锤

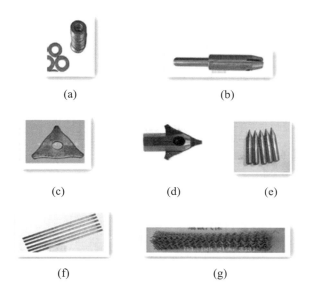

图 1-39　拉拔附件

2. 气体保护焊设备

气体保护焊分为半自动焊和自动焊两类。进行车身修理作业时使用半自动焊，工作过程中设备自动运行，但焊枪需修理人员手动控制。市场上出售的气体保护焊机既可使用纯二氧化碳气体，也可使用纯氩气或使用二者的混合气体，只需简单地更换气瓶和调节器。图 1-40 所示为二氧化碳焊机。

焊接设备由焊枪、焊线输送装置、隔离气体供给装置、控制装置和电源构成。组合方式不同，机型也不同。

图 1-40　二氧化碳焊机

1) 焊枪

焊枪的作用是将隔离气体喷洒于焊接部位，同时输送焊接电流至焊线而产生电弧。另外，在焊枪的手柄上附有一个开关，可使操作者控制焊接作业的开始与结束。

2) 焊线输送装置

焊线输送装置是将焊线输送到焊枪，而焊线是根据所使用的焊接电流、电压以一定的速度输送的。

3) 隔离气体供给装置

隔离气体供给装置的作用是将储气筒中的隔离气传送到焊枪，它由调整器和电磁阀组成。其中，调整器的作用是将储气筒中的高压气体减压并控制气体流速。电磁阀是控制气体流出的开关。

4) 控制装置

控制装置由大量半导体零件组成，安装于电源内部。在控制装置接收到焊枪开关的信号后，控制焊线输送装置的动作、焊接电流的开启或关闭、隔离气体的供给与停止。其中，最重要的功能是控制焊线输送，并且依照电流和电压来调整焊线的送丝速度，使电弧的长度控制在一定的范围内。

5) 电源

电源是提供产生电弧所需电力的装置。

3. 电阻点焊设备

电阻点焊机由变压器、控制器、可更换电极臂和可更换电极头组成，如图 1-41、图 1-42 所示。

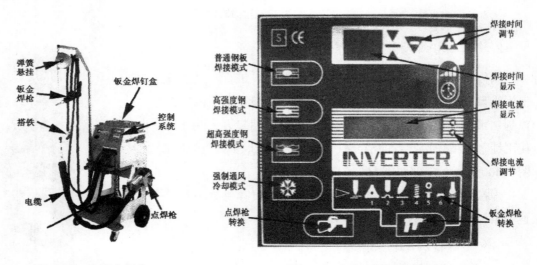

图 1-41　电阻点焊机　　　　图 1-42　电阻点焊机控制面板

1) 变压器

变压器将低电流高电压(220V 或 380V)转变为安全的高电流低电压(2～5V)，避免操作者有触电的危险。变压器可以和电极臂做成一体或者远距离安装，通过电缆与电极臂相连，远距离安装的变压器由于有电缆造成的电流损失，所以应使用较大的焊接电流以补偿这种损失。当使用加长型电极臂时，由于有电流损失应相应加大电流强度。

2) 控制器

控制器用来调节焊接电流的大小和精确的焊接时间。

焊接电流的大小与工件的厚度、电极臂的长短等因素有关，通常工件厚度较大、电极臂较长时应使用较大的电流。

3) 电极臂

电极臂用来对工件施加压力，并接入焊接电流。用于整体式车身修理的电阻点焊机带有全范围的可更换电极臂，如图 1-43 所示，能够焊接车身上各个部位的板件。应根据焊接部位选用合适的电极臂，原则是尽量选择最短的电极臂。

图 1-43　电极臂

任务三　举升机的安全使用

学习目标

(1) 了解液压举升机的作用、特点和类别。

(2) 能正确操作举升机。

一、液压举升机的认知

举升机可以将整车提升到一定高度，便于修理车身。举升机在汽车维修养护中发挥着至关重要的作用，无论是整车大修，还是小修，都离不开它。在不同规模的维修养护企业中，无论是维修多种车型的综合类修理厂，还是经营范围单一的汽车维修店，几乎都配有举升机。当汽车修理或维护时，无须在地上挖槽，使用举升机可将汽车等机动车辆升高到一定高度，方便维修人员或维护人员对车辆进行检修。

举升机主要有双柱式、四柱式和剪式三大类型，如图 1-44 所示。现在使用的举升机大多数是液压式的。

　　　　(a) 双柱式　　　　　　　　(b) 四柱式　　　　　　　(c) 剪式

图 1-44　举升机

当举升机上升到最大举升高度时，限位开关会自动断电，自动切断液压泵里的液压油回路。举升机带有大功率的强力电动机、安全可靠的保险装置和液压式二次举升装置，实用性好，噪声低，振动小，可 100%防止液压缸漏油。此外，举升能力一般达 3.5t。

二、液压举升机的规范操作

液压举升机的规范操作如下。

1. 使用前注意事项

(1) 举升机使用前，应清除附近妨碍作业的器具及杂物。

(2) 检查操作机构是否灵敏、有效，液压系统不允许有爬行现象。

2. 举升机操作方法

(1) 车辆行驶进入规定区域，离举升机两臂的距离应尽量相等。

(2) 调节举升机支撑块上的胶垫高度，使其在同一水平面上。

(3) 调整、移动举升机支撑块，对准该车型规定的举升点，并用手部动作检测支撑块是否对准举升点。

(4) 呼喊"举升"以让同伴知晓要进行举升操作，然后操作举升机，使所有支撑块与举升点接触，并观察是否正常。

(5) 若举升操作准确无误，则继续举升车辆，使其升高 30～50cm，摇晃车辆，观察车辆是否稳固，举升机是否存在异常。

(6) 若举升过程中无异常，则继续举升车辆到需要高度，但车辆不可支得过高，以防达到举升高度限值。

(7) 操作举升机，落安全锁，确保安全可靠才可到车底作业，作业时无关人员不可站在举升机下面。

(8) 除保养及小修项目外，其他烦琐笨重作业，不应在举升机上操作修理。

(9) 有人作业时严禁升降举升机。

(10) 若发现操作设备不灵、电机不同步、托架不平或液压部分漏油等故障，应及时撤离、报修，不得继续操作举升机和作业。

(11) 操作结束准备下降举升机时，应喊"降落"以让同伴知晓，解除安全锁，然后进行降落操作，举升臂应降至底部，否则无法移动。

(12) 作业完毕后应清除杂物，打扫举升机周围以保持场地整洁。

(13) 定期排出举升机油缸积水，并检查油量，油量不足应及时加注相同牌号的压力油。与此同时，应检查润滑、举升机传动齿轮及缝条。

职业素养提升

培养责任担当的素养、遵章守纪意识与团队合作精神

树立职业安全意识的关键在于培养责任担当的素养；落实安全防护措施，必须树立遵章守纪意识；部分设备操作需要多人配合完成，培养团队合作精神。

课后练习题

一、选择题

1. 钣金车间的弧光辐射主要来源于(　　)。

    A. 打磨过程　　　　　　　　　　　B. 拆装过程

    C. 焊接过程　　　　　　　　　　　D. 测量过程

2. 钣金修复过程中接触到化学品，需要佩戴(　　)。

    A. 纱线手套　　　　　　　　　　　B. 焊接手套

    C. 皮手套　　　　　　　　　　　　D. 防溶剂手套

3. 电动工具使用要注意(　　)事项。

    A. 检查接地和绝缘　　　　　　　　B. 确保地面干燥

    C. 检查电源开启和关闭　　　　　　D. 确保空压机正常

4. 焊接作业时，需要注意(　　)事项。

    A. 焊机电缆绝缘可靠　　　　　　　　B. 焊机电缆必须完整

    C. 气瓶须可靠固定　　　　　　　　　D. 切断焊丝末端时焊枪朝下

5. 用锤和顶铁修复钢板作业时，不需要(　　)等防护用品。

    A. 皮手套　　　　　　　　　　　　　B. 防尘口罩

    C. 棉手套　　　　　　　　　　　　　D. 护目眼镜

二、判断题

1. 焊接作业时要将车内饰部件遮蔽。　　　　　　　　　　　　　　　(　　)

2. 拆卸覆盖件后应妥善保管，避免划伤漆面。　　　　　　　　　　　(　　)

3. 拆装安全气囊务必严格按照维修手册的操作规程。　　　　　　　　(　　)

4. 维修混合动力车辆时，点火开关关闭后不能打开发动机舱盖。　　　(　　)

5. 手工修复钢板时，锤和顶铁有油污不影响使用。　　　　　　　　　(　　)

项目二
汽车车身结构与材料认识

任务一　车身发展与分类

学习目标

(1)　了解车身的发展历史。

(2)　熟悉车身的结构分类。

(3)　掌握承载式车身结构。

一、车身的发展史

从 19 世纪末到 20 世纪初，汽车设计师把主要精力都用在了汽车的机械工程学的发展和革新上。到了 20 世纪前半期，汽车的基本构造已经全部发明出来，汽车设计师便开始着手从汽车外部造型上进行改进，并相继引入空气动力学、流体力学、人体工程学以及工业造型设计(工业美学)等相关技术，力求让汽车能够从外形上满足各种年龄、各种阶层，甚至各种文化背景的人的不同需求，使汽车真正成为科学与艺术相结合的最佳形象，最终达到完善的境界。汽车车身的作用主要是保护驾驶员，并营造良好的空气力学环境。好的车身不仅能带来更佳的性能，而且能体现出车主的个性。

汽车车身结构主要包括车身壳体、车门、车窗、车前钣制件、车身内外装饰件和车身附件、座椅以及通风、暖气、冷气、空气调节装置等。汽车造型师把汽车装扮成人类的肌体。例如,汽车的眼睛——前照灯;嘴——进风口;肺——空气滤清器;血管——油路;神经一电路;心脏——发动机;胃——油箱;脚——轮胎;肌肉——机械部分。汽车车型在发展过程中主要经历了马车型汽车、箱型汽车、甲壳虫型汽车、船型汽车、鱼型汽车、楔形汽车等几个阶段。

1. 马车型汽车

我国古代早就有"轿车"一词,是指用骡马拉的轿子。西方汽车大量引入中国时,正是封闭式方形汽车在西方流行之时。那时汽车的形状与我国古代的轿车相似,并与轿车一样让人感到荣耀。于是,人们就将当时的汽车称为"轿车"。最早出现的汽车,其车身造型基本沿用了马车的形式,因此,称为"无马的马车",英文名 sedan 就是指欧洲贵族乘用的一种豪华马车,不仅装饰讲究,而且是封闭式的,可防风、雨和灰尘,并提高了安全性(见图 2-1)。18 世纪,这种车传到美国后,也只有纽约、费城等少数大城市中的富人才有资格使用。1908 年,福特推出 T 型车时,车身由原来的敞开式改为封闭式,其舒适性、安全性都有很大的提高。福特将他的封闭式汽车(closed car)称为 sedan。著名的福特 T 型车是马车型汽车的佼佼者。

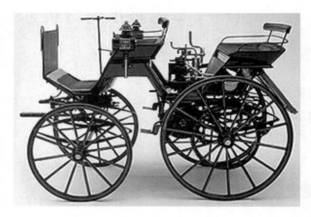

图 2-1　马车型车身

2. 箱型汽车

美国福特汽车公司在 1915 年生产出一种不同于马车型的汽车,其外形很像一只大箱子,并装有门和窗,人们称这类车为"箱型汽车"(见图 2-2)。因为这类车的造型酷似欧洲贵妇人用于结伴出游和其他一些场合的人抬"轿子"式轻便座椅,所以它在商品目录中被命名为"轿车"。上述两种汽车的诞生,很显然是受到旧时代的交通工具的影响,但是由于当时科学并不是很发达,人们发明汽车的同时并没有关注汽车的其他要求,而是单纯地追求汽车直接的运输以及交通能力,对于车身以及外形没有太多的研究和发明。整个车厢或者车身只是人们坐在汽车上的一个地方。

图 2-2　箱型汽车

3. 甲壳虫型汽车

1934 年，流体力学研究中心的雷依教授通过模型汽车在风洞中的试验测量了各种车身的空气阻力，这是一个具有历史意义的试验。1934 年，美国的克莱斯勒公司首先采用了流线型的车身外形设计。1937 年，德国设计天才费迪南德·保时捷开始设计类似甲壳虫外形的汽车(见图 2-3)。甲壳虫不但能在地上爬行，也能在空中飞行，其形体阻力很小。保时捷博士最大限度地发挥了甲壳虫外形的优势，使"大众"汽车成为当时流线型汽车的代表作。从 20 世纪 30 年代流线型汽车开始普及，到 40 年代末的 20 年间，是甲壳虫型汽车的"黄金时代"。

图 2-3　甲壳虫型汽车

4. 船型汽车

1945 年，福特汽车公司重点进行新车型的研发，经过几年的努力，终于在 1949 年推出具有历史意义的新的 V8 型福特汽车。因为这种汽车改变了以往汽车造型的模式，使前翼子板和发动机罩、后翼子板和行李舱罩融为一体，大灯和散热器罩也形成一个整体，车身两侧形成一个平滑的面，车室位于车的中部，整个造型很像一只小船，所以人们把这类车称为"船型汽车"(见图 2-4)。

科技是第一生产力，生产力的进步促进科学技术的发展，进而引发汽车车身的全面改变。甲壳虫型和船型这两种汽车车型的研发表明，人们对于车身的作用有了进一步的认识，并且把车身的发明更新也变成了汽车的一部分，而不是只把车身看作承载乘客的一个空间。就车身来说，空气阻力的研究是它的重点，科学的发展，特别是流体力学的发展，让汽车设计师可以从车身的形态上来减少汽车对空气的摩擦，或者更容易冲破空气阻力，或者可以顺着空气的流动而运动。

图 2-4　船型汽车

5. 鱼型汽车

为了克服船型汽车的尾部过分向后伸出，导致汽车高速行驶时产生较强的空气涡流这一缺陷，人们又开发出像鱼脊背的鱼型汽车(见图 2-5)。1952 年，美国通用汽车公司的别克牌轿车开创了鱼型汽车的时代。如果仅仅从汽车背部形状来看，鱼型汽车和甲壳虫型汽车是很相似的。但如果仔细观察，会发现鱼型汽车的背部和地面所成的角度比较小，尾部较长，围绕车身的气流也就较为平缓些，因此涡流阻力也相对较小。

6. 楔形汽车

鱼型汽车虽然部分地克服了汽车高速行驶时空气的阻力，却未从根本上解决鱼型汽车的阻力问题。经过大量的研究和试验后，设计师最终找到了一种新车型——楔形。这种车型就是将车身整体向前下方倾斜，车身后部像刀切一样平直，这种造型能有效地解决阻力问题。1963 年，司蒂倍克·阿本提设计师设计了第一辆楔形汽车，这辆汽车得到了汽车外形设计专家极高的评价。1968 年，通用公司的奥兹莫比尔·托罗纳多改进和发展了楔形汽车，1968 年又为凯迪拉克高级轿车埃尔多所采用。楔形汽车主要在赛车上得到广泛应用。因为赛车首先考虑流体力学(空气动力学)对汽车的影响，车身可以完全按楔形制造，而把乘车的舒适性作为次要问题考虑。例如，20 世纪 80 年代的意大利法拉利跑车，就是典型的楔形汽车。楔形汽车(见图 2-6)与目前所考虑到的高速汽车相比，无论是从其造型的简练、动感方面，还是从其对空气动力学的体现方面，都比较符合现代人的主观要求，具有极浓的现代气息，给人以美好的享受和速度的快捷感。日本丰田汽车有限公司的 MR2 型中置发动机跑车(尾部装有挠流板)，可以说是楔形汽车中的代表车。

图 2-5　鱼型汽车

图 2-6　楔形汽车

汽车车身发展到这个阶段，已经不只是关注减小阻力了。汽车造型的发展是更好地将空气动力学设计方案与乘车舒适性恰当地予以结合，在充分考虑以上两个关键问题的基础上，努力开发人体工程学领域的新技术，以设计、制造出更完美和更优秀的汽车为目标。外形的美观和乘车的舒适性将是车身设计的两大追求。乘车的舒适性，是自汽车发明之后就有的追求，坐垫、位置、车的大小等一系列关乎乘坐的因素的设计，都产生了很大的变化。对外形的追求，也是近代汽车追求的一个重点，人们在对车身本身科学的研究达到一定程度后，也将精力更多地投入车身的美感研究上。

汽车车身给驾驶员提供便利的工作环境，为乘员提供舒适的乘坐条件，保护他们免受汽车行驶时的振动、噪声、废气的侵袭以及外界恶劣气候的影响，并保障完好无损地运载货物且装卸方便。汽车车身上的一些结构措施和设备还有助于安全行车和减小事故的后果。车身保障了汽车具有合理的外部形状，在汽车行驶时能有效地引导周围的气流，以减小空气阻力和减少燃料消耗。此外，车身有助于提高汽车行驶的稳定性和改善发动机的冷却条件，并保障车身内部有良好的通风。汽车车身是一件精致的综合艺术品，应以其明晰的雕塑形体、优雅的装饰件和内部覆饰材料以及悦目的色彩使人获得美的享受，点缀人们的生活环境。

二、车身的分类

汽车车身的
分类

汽车车身有三种分类方式：一是按照整车构成方式分类；二是按照承载方式分类；三是按照外形方式分类。

1. 按照整车构成方式分类

在现代轿车中，发动机及传动系的驱动方式主要有以下几种，如图 2-7 所示。表 2-1 所示为各发动机布置及驱动方式的特征、优点、缺点及适用范围。不同的发动机及传动系的驱动方式将影响到车内活动空间、驾驶姿势、行李箱的空间以及直接与用户相关的空间尺寸。

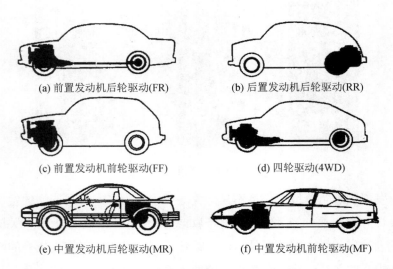

(a) 前置发动机后轮驱动(FR)　　　　　　(b) 后置发动机后轮驱动(RR)

(c) 前置发动机前轮驱动(FF)　　　　　　(d) 四轮驱动(4WD)

(e) 中置发动机后轮驱动(MR)　　　　　　(f) 中置发动机前轮驱动(MF)

图 2-7　发动机及传动系的驱动方式

表 2-1　发动机布置及驱动方式比较

驱动方式	特　征	优　点	缺　点	适用范围
前置发动机后轮驱动(FR)	发动机、离合器、变速器结成一个整体安装于车辆前部；主减速器、差速器安装于车辆后部，两者用传动轴连接	①发动机等动力系统安装于车辆前部，靠近驾驶员，操纵机构简化 ②整车质量分配均匀，基本各占50%	①由于发动机纵置，变速器延伸入驾驶舱，另外，由于有传动轴贯穿整个车厢，车厢内空间局促 ②整车质量提升	中大型轿车、载重汽车和客车
前置发动机前轮驱动(FF、MF)	前桥为转向驱动桥，由装于车辆前部(中前部)的发动机和动力传动系直接驱动，无传动轴。发动机可以横置，减少空间	①减轻整车质量，简化传动 ②车厢内的空间得以扩大 ③整车质量接近车辆质心，行驶稳定性提高	①前桥结构复杂，操纵机构安排布置困难 ②前桥负荷增加	中小型轿车
后置发动机后轮驱动(RR、MR)	发动机和动力传动系统安装于车辆后部(中后部)，直接驱动后桥，无传动轴。发动机可以横置，减少空间	①车厢内空间增加,底板平直，可有效降低车辆质心 ②有利于减轻整车质量	①驾驶员与发动机等动力系距离远，可操作性差 ②发动机散热困难 ③后桥负荷大	大型城市客车和小型、微型轿车
四轮驱动(4WD)	发动机、离合器、变速器等结成整体安装在车辆前部，通过分动器和传动轴同时驱动4个车轮	越野性能强,整车通过能力增加	①整车质量大，动力传动复杂，车辆质心高 ②长时间四轮驱动时能量浪费严重	对越野性能要求高的车辆、赛车

注：中置发动机前驱或后驱车型很少，多用于赛车，此处略。

2. 按照承载方式分类

按照承载方式分为非承载式车身、半承载式车身、承载式车身。

1)　非承载式车身

非承载式车身的汽车有一刚性车架，又称底盘大梁架。在非承载式车身中发动机传动系统的一部分、车身等总成部件都是用悬架装置固定在车架上，车架通过前、后悬架装置与车轮连接。非承载式车身比较笨重，质量大，高度高，一般用在货车、客车和越野车上，也有部分高级轿车使用，因为它具有较好的平稳性和安全性。

非承载式车身(见图 2-8)，就是悬挂不是直接连在车身上，而是连在车架上，车架上面再扣上一个车身，如巡洋舰、牧马人、悍马 H2 等。这样的车身，如果弯下腰看看车底，都会看见贯穿前后的两根大梁(而看不到承载式车身)。它的优点就是有独立的大梁，底盘强度较高，抗颠簸性能好。此外，四个车轮受力再不均匀，也是由车架承担，而不会传到车身上去。所以，SUV 和越野车用得比较多。缺点就是车身和车架是刚性连接的，在公路上行驶的时候，不是很平稳，会产生震动。另外，遇到危险(如翻车)的时候，厚重的底盘，也会对相对薄弱的车身产生致命威胁(承载式车身便不会有这个问题，它的车身都是一体的)。现在国产低端 SUV 也大多使用非承载式车身，这不是因为它们定位为纯越野车(更多还是城市型)，而是技术和成本使然。

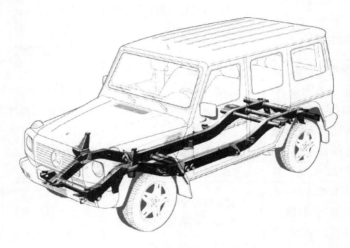

图 2-8　非承载式车身

2)　半承载式车身

半承载式车身(见图 2-9)的特点是车身与车架用螺钉连接、铆接或焊接等方式刚性地连接。车身除承受上述各项载荷外，还承担车架的部分载荷，即车身对车架有加固作用。其优点是省去了车身底梁而使自重减轻，内高增加。

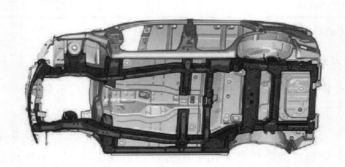

图 2-9　半承载式车身

3)　承载式车身

承载式车身(见图 2-10)的汽车没有刚性车架，只是加固了车头、侧围、车尾、底板等部位，发动机、前后悬架、传动系统的一部分等总成部件装配在车轮上。承载式车身除了其固有的承载功能外，还要直接承受各种负荷力的作用。承载式车身不论在安全性还是在稳定性方面都有很大的提高，它具有质量小、高度低、装配容易等优点，因此大部分轿车采用这种车身结构。

承载式车身就是整个车身为一体，悬挂直接连在车身上。例如，轿车几乎都采用承载式车身，只要打开发动机盖，就会发现前悬挂连在了前翼子板内侧的车身上。这样的车身优势是：公路行驶非常平稳，整个车身为一体，固有频率震动低，噪声小，整体式车身比较安全。缺点就是底盘强度远不如大梁结构的车身强度大，当四个车轮受力不均匀时，车身会发生变形，另外承载式车身制造成本偏高。

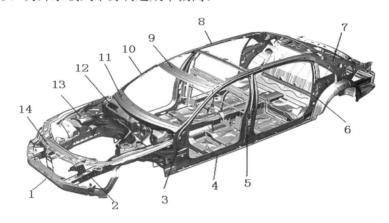

1—前横梁；2—前纵梁；3—前立柱；4—门槛板；5—中立柱；6—后立柱；7—后顶盖侧板；8—顶板纵梁；

9—顶板横梁；10—风窗立柱；11—前围上盖板；12—前围板；13—减振器支座；14—散热器支座

图 2-10 承载式车身的结构件

综上所述，从使用的角度看，非承载式车身除了底盘结实外，其他几乎全是缺点；而承载式车身除了底盘不够结实外，其他几乎全是优点。汽车刚出现时，全部都是非承载式车身。发展到今天，乘用车的绝大部分都是承载式车身结构。

3. 按照外形方式分类

1) 短背式车身

短背式车身由于背部很短而使整车长度缩短，适用于家庭经济型轿车。从空气动力学角度考虑也是有利的，并可减小车辆偏摆，有利于车辆的稳定性。这种车型也称为鸭尾式，如图 2-11 所示。

2) 折背式车身

折背式车身由明显的头部、中部和尾部三部分组成，这种车大多数都布置两排座位，常见车门数有 2 门和 4 门。车身背部有角折线条，也称为浮桥式、船形、三厢式等，如

图 2-12 所示。

图 2-11　短背式车身

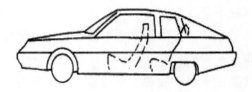

图 2-12　折背式车身

3)　直背式车身

直背式车身的后风窗与行李箱连接近似平直，比折背式车身更趋流线型，有利于减小空气阻力，并使后行李箱的空间增加。这种车型也称为快背式、溜背式车身，如图 2-13 所示。

4)　舱背式车身

舱背式车身顶盖较折背式长，后背角度比直背式小，后行李箱与后窗演变为一个整体的背部车门，也称为半快背式，如图 2-14 所示。

图 2-13　直背式车身

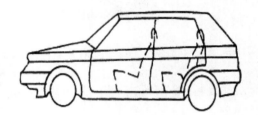

图 2-14　舱背式车身

任务二　乘用车车身结构认识

学习目标

(1)　掌握常见乘用车车身的组成和结构。

(2)　能够认识汽车车身各部件。

一、乘用车车身的组成

乘用车车身的组成(见图 2-15)包括车身本体、内外装饰件、车身附件、车身电子装置等。

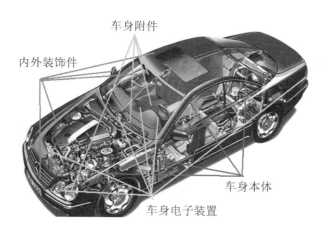

车身附件

内外装饰件

车身本体

车身电子装置

图 2-15　乘用车车身的组成

1. 车身本体

车身本体，又称为白车身，本体是车身乃至整车的基体，目前主要是由钢板冲压的零件焊接而成的，也有用轻金属和非金属材料制造的。本体主要包括骨架、车前板制零件、车门、行李箱等，但不包括附件及装饰件的未涂漆的车身。现代轿车车身本体的组成构件大体分为三类：车身覆盖件、车身结构件(梁和支柱)及结构加强件。

1) 车身覆盖件

车身覆盖件是指包覆骨架的表面板件，其主要指车身中包覆梁、支柱等的构件，具有较大空间曲面形状的表面和车内板件(见图 2-16)。

图 2-16　车身覆盖件

车身覆盖件的功用有封闭车身、体现车身外观造型及增大结构强度和刚度等。

2) 车身结构件(梁和支柱)

车身结构件是指支撑覆盖件的全部车身结构零件(见图 2-17)。

一般而言，车身有三个立柱，即 A 柱、B 柱和 C 柱。

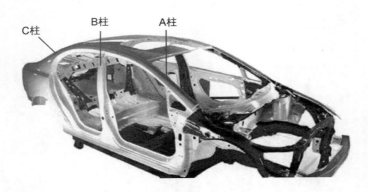

图 2-17 车身结构件

车身结构件的功用为：它是车身承载能力的基础，对保障车身所要求的结构强度和刚度非常重要。

此外，车身结构件还有以下作用。

(1) 安装车身各种构件或附件，如车门铰链、发动机罩、玻璃、密封条等。

(2) 焊接各车身覆盖件，组成车身的封闭壳体。

(3) 完成车身各种活动部分的动态配合。

(4) 设置流水槽结构和车身通风道。

3) 结构加强件

结构加强件主要用于加强板件的刚度，加大各构件的连接强度。

一般车身本体包括货车车身本体(货车驾驶室)、轿车车身本体(车身焊接总成及四门两盖)、客车车身本体(由车身骨架与车身蒙皮等构成的组合体)。

2. 内外装饰件

内外装饰件是车身外部及内部起装饰与保护作用的零部件的总称。内外装饰件是既有实用价值又有装饰作用的零件。内装饰件中最重要的是显示汽车使用中各种数据的仪表板，此外，还有顶棚、地毯以及车内各种护板。外装饰件有外部装饰条、商标等。

1) 内装饰件

内装饰件主要包括车门内护板、车顶顶棚、地板及侧壁的内饰等(见图 2-18)。

2) 外装饰件

外装饰件主要包括前后保险杠、车门防撞装饰条、散热器面罩、外饰件、玻璃、密封条和车外后视镜等(见图 2-19)。

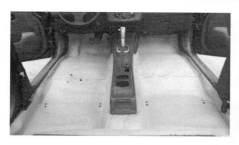

图 2-18 车身内装饰件

图 2-19 车身外装饰件

3. 车身附件

车身附件是车身中具有独立功能并成为一个分总成的机构。如座椅、仪表板、空调、后视镜、玻璃升降器、安全带、雨刮器、车灯、遮阳板、扶手、车门机构及附件、车内后视镜等(见图 2-20)。

图 2-20 车身附件

4. 车身电子装置

车身电子装置主要包括雨刮器、洗涤器、空调装置、仪表、开关、前灯、尾灯和各种指示照明灯等(见图 2-21)。

图 2-21　车身电子装置

二、乘用车车身结构

1. 轿车的车身外形

为了减小空气阻力系数，现代轿车的外形一般用圆滑流畅的曲线来消隐车身上的转折线。前围与侧围，前围、侧围与发动机罩，后围与侧围等地方均采用圆滑过渡，发动机罩向前下倾，车尾后箱盖短而高翘，后冀子板向后收缩，挡风玻璃采用大曲面玻璃，且与车顶圆滑过渡，前风窗与水平面的夹角一般为 25°～33°，侧窗与车身相平，前后灯具、门把手嵌入车体内，车身表面尽量光洁平滑，车底用平整的盖板盖住，降低整车高度等，这些措施有助于减小空气阻力系数。20 世纪 80 年代初问世的德国奥迪 100C 型轿车就是最典型的例子，它采用了上述种种措施，其空气阻力系数只有 0.3，成为当时商业轿车外形设计的最佳典范。

车身型式各式各样，其分类的方法也有多种。根据车身受力情况车身型式可分为承载式和非承载式；根据外形可分为折背式、斜背式、舱背式、短背式等；根据座椅的排数可分为一排座、二排座、三排座；根据所用材料可分为钢制、塑料制、铝制等；根据车身的功能和装备情况可分为基本型、舒适型、豪华型、运动型、增压型等 5 种。

根据轿车外形及功能，轿车可分为以下几类。

(1) 无后备箱轿车。这种车一般有前座和后座，供 4～6 人乘坐，有 2 门和 4 门轿车，目前 4 门轿车在我国较为常见。

(2) 硬顶无后备箱轿车。硬顶无后备箱轿车具有金属硬顶，通常没有门柱或仅有较短的 B 形支柱。

(3) 敞篷车。敞篷车都是没有门柱的。有的敞篷车还有可升降的塑料顶篷和后车窗，以满足不同用户的需求。目前，我国已有少量此类轿车。

(4) 有后备箱轿车。有后备箱轿车的特征是它的尾部后备箱为客厢的延伸部分。此种汽车流行 3 门或 5 门形式。

(5) 旅行车。典型的旅行车的顶部向后延伸至全车长，在车后部有一排座椅、一个内部宽敞的后备箱。

(6) 轻型多用途汽车。典型轻型多用途汽车有两门卡车和 4 门微型货车。此外，微型厢式车也属于这种类型。

2. 轿车车身结构

目前，轿车车身结构有两种，即有车架车身结构与无车架整体式车身结构。

有车架车身结构：轿车的壳体与车架是可分离的两个部分。车身本体悬置于车架上，用弹性元件连接。车架的振动通过弹性元件传到车身上，大部分振动被减弱或消除，平稳性和安全性好，而且箱内噪声低。这种车身比较笨重，质量大，汽车质心高，高速行驶稳定性较差，目前轿车基本不采用。

无车架整体式车身结构：整体车身不再依赖车架承受荷载，而是加固了车头、侧围、车尾、底板等部位，车身和底架共同组成了车身本体的刚性空间结构。这种形式的车身具有较大的抗弯曲和抗扭转的刚度，质量小，高度低，汽车质心低，装配简单，高速行驶稳定性较好，是现代轿车设计的主流结构。但由于道路负载会通过悬架装置直接传给车身本体，因此这种车身噪声和振动较大。

现代轿车普遍采用无车架整体式车身结构即承载式车身结构，图 2-22 所示为捷达轿车车身结构。

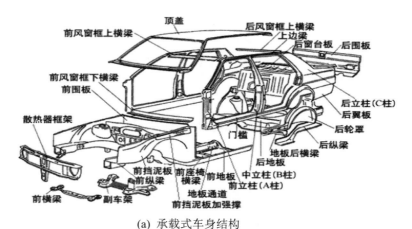

(a) 承载式车身结构

图 2-22　捷达轿车车身结构

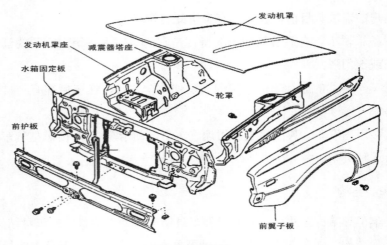

(b) 前车身结构

图 2-22 捷达轿车车身结构(续)

通常整个车身壳体按照强度等级分为三段，如图 2-23 所示，图中 A、B、C 分别代表车身前部、中部及后部。

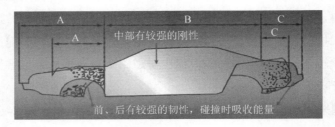

图 2-23 车身壳体强度

轿车车身壳体通常分为三段，由前车身、中间车身和后车身三大部分及相关构件组成。下面以发动机前置前轮驱动的车身构造为研究对象进行讲解。

1) 前车身

前车身的组成，如图 2-24 所示。

(1) 前保险杠。汽车保险杠是吸收缓和外界冲击力，防护车身前、后部的安全装置。20 年前，轿车前、后保险杠以金属材料为主，用厚度为 3mm 以上的钢板冲压成 U 形槽钢，表面处理镀铬，与车架纵梁铆接或焊接在一起，与车身有一段较大的间隙，好像附加上去的部件。随着汽车工业的发展，汽车保险杠作为一种重要的安全装置也走向了革新的道路。今天的轿车前、后保险杠除了原有的保护功能外，还要追求与车体造型的和谐与统一，追求本身的轻量化。为了达到这个目的，轿车的前、后保险杠采用了塑料，人们称为塑料保险杠。塑料保险杠由外板、缓冲材料和横梁等三部分组成。其中外板和缓冲材料用塑料制成，横梁用厚度为 1.5mm 左右的冷轧薄板冲压而成 U 形槽；外板和缓冲材料附着在横梁上，横梁与车架纵梁螺丝连接，可以随时拆卸下来。这种塑料保险杠使用的塑料，主要由聚酯系和聚丙烯系两种材料合成，采用注射成型法制成。国外还有一种称为聚碳酯系的塑料，掺进合金成分，采用合金注射成型的方法加工出来的保险杠不但具有高强度的刚性，还可以焊接，而且涂装性能好，在轿车上使用得越来越多。塑料保险杠具有强度、刚性和装饰性，从安全上看，汽车发生碰撞事故时其能起到缓冲作用，保护前后车体；从外观上看，可以很自然地与车体结合在一起，具有很好的装饰性，成为装饰轿车外形的重要部件。

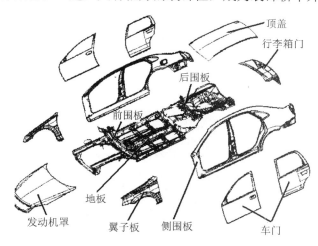

图 2-24　前车身的组成

典型前保险杠的结构如图 2-25 所示。

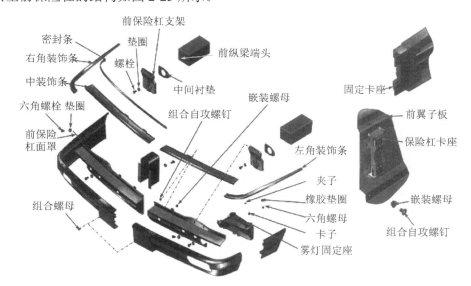

图 2-25　前保险杠结构

(2) 前翼子板。翼子板是遮盖车轮的车身外板，因旧式车身该部件形状及位置似鸟翼而得名。根据安装位置的不同，其又分为前翼子板和后翼子板。前翼子板安装在前轮的上部、汽车发动机罩的侧下部，是重要车身装饰件，必须保障前轮转动及跳动的最大极限空间，因此维修者会根据选定的轮胎型号、尺寸用"车轮跳动图"来验证翼子板的维修尺寸。现在有些轿车翼子板已与车身本体连为一个整体，一气呵成。但也有轿车的翼子板是独立的，尤其是前翼子板，因为前翼子板碰撞机会比较多，独立装配容易整件更换。主要部件一般采用薄钢板冲压制造，有些车的前翼子板用有一定弹性的塑性材料(如塑料)做成。塑性材料具有缓冲性，比较安全。前翼子板如图 2-26 所示。

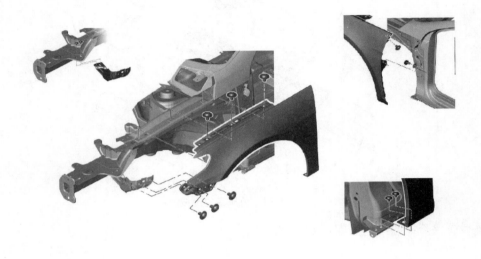

图 2-26 前翼子板

(3) 发动机罩。发动机罩(又称发动机盖)位于车辆前上部，是发动机舱的维护盖板，也是最醒目的车身构件，因此是买车者关注的部件之一。发动机盖要隔热隔音，自身质量轻，刚性强。发动机罩按开启方式可分为向后开启(铰链在后)、向前开启(铰链在前)、侧向开启(铰链在纵向中线处)。一般大多数轿车采用向后开启的方式，开度为 40°～50°。发动机罩向前开启的方式也有少数轿车采用，从高速行驶时发动机罩锁可能自动打开的情况来看，这种方式比较安全。采用这种开启方式时，发动机罩的开度要大些，为 70° 左右。轿车上的发动机罩几乎不采用侧向开启方式。多采用向后开启、向后翻转的发动机盖打开至预定角度，不应与前挡风玻璃接触，应有一个约为 10mm 的最小间距。

发动机盖一般由外板和内板组成，中间夹以隔热材料，内板起到增强刚性的作用，其几何形状由厂家选取，基本上是骨架形式。为防止行驶时由于振动自行开启，发动机盖前端要有保险锁钩锁止装置，锁止装置开关设置在车厢仪表板下面，车门锁住时发动机盖也应同时锁住。

　　从整车外形上看，它有两条相差不大且通长的加强筋。发动机罩外板尺寸比较大，因此整个外板的刚度很弱。为了提高整个发动机罩总成的刚度，发动机罩内板的刚度较强，使整个发动机罩总成的刚度能够满足要求。内板的板料很薄，仅为 6mm，但经整体拉延后形状变化很大，刚度很强，形成总成后能大幅提高整个发动机罩总成的刚度，以避免发动机罩因刚度不足而发生抖动和产生噪声。发动机罩如图 2-27 所示。

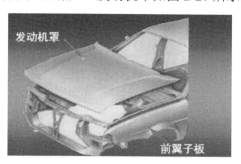

图 2-27　发动机罩

　　此外，有的发动机罩的前端加装了一条密封条，将发动机罩前缘下边密封，以消除间隙，从而防止气流在发动机罩前缘处因剥离而形成涡流。

　　铰链是发动机罩赖以固定并通过它和车头本体相连接的机构。其结构形式应使发动机罩启闭轻便，灵活自如，并有足够的开启角度；开启、关闭过程中不得有运动干涉；应有足够的刚度和强度，保证铰链使用可靠、耐久，结构简单，容易制造。

　　发动机罩的开启铰链采用平面四连杆机构，如图 2-28 所示。该铰链采用厚 3mm 的板料压制而成，对罩的开度可进行调整。

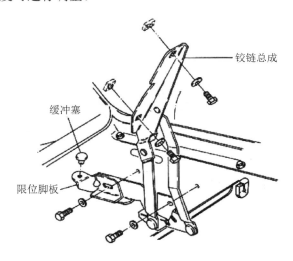

图 2-28　发动机罩的开启铰链

(4) 前围板。前围板是指发动机舱与车厢之间的隔板，它和地板、前立柱连接，位于乘客室前端，安装在前围上盖板之下，通过前围板使发动机室与乘客室分开。前围板上有许多孔口，为操纵时拉线、拉杆、管路和电线束通过之用，还要配合踏板、方向机柱等机件安装位置。为防止发动机舱里的废气、高温、噪声窜入车厢，前围板上要有密封措施和隔热装置。发生意外事故时，它应具有足够的强度和刚度。对比车身其他部件而言，前围板装配最重要的工艺技术是密封和隔热，它的优劣反映了车辆运行的情况。前围板的结构如图 2-29 所示。

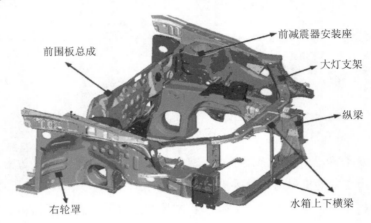

图 2-29　前围板的结构

(5) 前纵梁。前纵梁是前车身的主要受力部件，承受车身纵向力并传递给地板等其他部件，直接焊接在车身下端。纵梁是动力总成、悬架支撑、散热器支架的基体。其上再焊接轮罩(有的前轮罩与前纵梁为一体式)等构件，如图 2-30 所示。

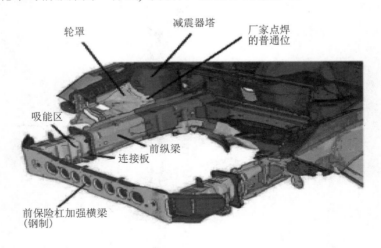

图 2-30　前纵梁

2)　中间车身

中间车身的立柱起着支撑风窗和车顶的作用，一般下部做得粗大，上部的截面尺寸需要根据驾驶视野而定。

图 2-31 所示为立柱、门槛板、地板位置及车身加强件示意图。

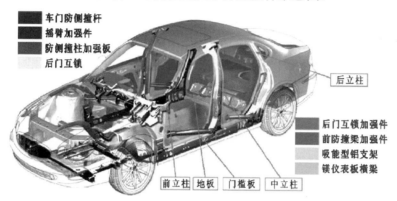

图 2-31　立柱、门槛板、地板位置及车身加强件示意图

(1)　立柱。在轿车车身构造中，有些重要零件的位置涉及车辆的整体布置、安全及驾乘舒适性，如立柱。

一般而言，轿车车身有三个立柱，从前往后依次为前柱(A 柱)、中柱(B 柱)及后柱(C 柱)(见图 2-32)。对于轿车而言，立柱除了有支撑作用，也起到门框的作用。

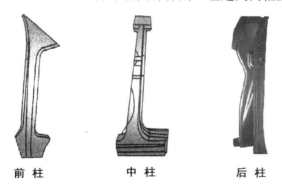

前 柱　　　　中 柱　　　　后 柱

图 2-32　中间车身的前柱、中柱和后柱

设计师在考虑前柱几何形状方案时还必须考虑前柱遮挡驾驶者视线的角度问题。一般情况下，驾驶者通过前柱处的视线，双目重叠角总计为 5°～6°，从驾驶者的舒适性来看，重叠角度越小越好，但这涉及前柱的刚度，既要有一定的几何尺寸保持前柱的高刚度，又要减少驾驶者的视线遮挡影响，这是一个矛盾的问题。设计者必须尽量使两者平衡以取得最佳效果。2001 年，北美国际车展上瑞典沃尔沃推出最新概念车——SCC，就将前柱改为通透形式，镶嵌透明玻璃让驾驶者可以透过柱体观察外界，令视野盲点减少到最低限度。

中柱不但支撑车顶盖，还承受前、后车门的支承力，在中柱上还要装置一些附加零部件，例如，前排座位的安全带，有时还要穿电线线束。因此，中柱大都有外凸半径，以保证有较好的力传递性能。现代轿车的中柱截面形状比较复杂，它由多件冲压钢板焊接而成。随着汽车制造技术的发展，不用焊接而直接采用液压成型的封闭式截面中柱已经问世，它的刚度大幅提高而重量大幅减小，使现代轿车趋向轻量化。不过，有的设计师从乘客上下车的便利性考虑，索性取消中柱。最典型的是法国雪铁龙 C3 轿车，车身左、右两侧的中柱都被取消，前后门对开，乘员完全无障碍上下车。当然，取消中柱就要相应增强前、后柱，其车身结构必须用新的形式，材料选用也有所不同。

　　后柱与前柱、中柱不同的一点就是，不存在视线遮挡及上下车障碍等问题，因此构造尺寸大些也无妨，关键是后柱与车身的密封性要好。

　　(2) 门槛板。门槛板是侧围下部的门槛，分门槛内板、外板(见图 2-33)。其属于底板焊接总成，为使焊接工艺简便，应先与侧围各零件焊接在一起，其内部与前支柱和后支柱连接处分别设有加强板，以提高接口刚度。此外，在下表面冲制有千斤顶支座固定孔，以方便厂内运输及维修调整。其余的溢流孔浸漆后用特制的橡胶塞密封，可防止灌蜡后蜡液流出，失去防腐作用。

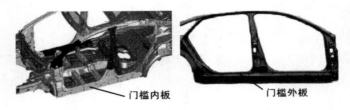

图 2-33　门槛内板、外板

　　(3) 车顶。车顶是指车身车厢顶部的盖板，其上可能装有天窗、换气窗或天线等，如图 2-34 所示。车顶主要由车顶板、车顶内衬、横梁(可能由前顶横梁、后顶横梁、加强肋等组成)、顶盖侧梁，有的车型还备有车顶行李架。

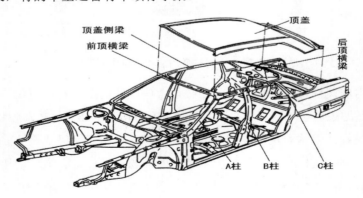

图 2-34　车顶盖及骨架

① 车顶盖。车顶盖是车厢顶部的盖板。与轿车车身的总体刚度相比，顶盖不是很重要的部件，这也是允许在车顶盖上开设天窗的原因。从设计角度来讲，重要的是它如何与前、后窗框及与支柱交界点平顺过渡，以获得最好的视觉感和最小的空气阻力。当然，为了安全起见，车顶盖还应有一定的强度和刚度，一般在顶盖下增加一定数量的加强梁，顶盖内层敷设绝热衬垫材料，以阻止外界温度的传导及减少振动时的噪声。

② 车顶骨架。顶盖前、后横梁均为单板冲压件，前横梁两端分别与左、右前风窗支柱内板点焊，后横梁两端与左、右后风窗支柱内板点焊，这样，顶盖前、后横梁，左、右侧梁，左、右前风窗支柱及左、右后风窗支柱共同构成了乘客区上部的完整受力骨架。横梁的外侧与顶盖翻边点焊，作为风窗上框；内侧与顶盖内表面粘接，构成了封密断面。这样，使顶盖与车体上部骨架连为一体，参与承载，提高了整个车体结构的强度及抗弯、抗扭刚度，并减轻了车体的质量。但是这种结构要求冲压模具及焊装夹具均具有较高的精度，否则顶盖与侧围之间将有可能因贴合不严而影响车体质量及密封性。

顶盖侧梁的形状极为复杂，它既要承受纵向载荷，又要与前、中、后三个支柱及内饰拉手配合而设计出搭接和安装平面。从安全性的角度考虑，顶盖侧梁在前支柱至中支柱之间加设侧梁加强板，使之与侧梁形成闭合断面，以提高结构强度和抗弯抗扭刚度。侧梁的下侧翻边与顶盖的垂直翻边点焊连接，上侧翻边与顶盖内表面粘接，既保障了顶盖外表面的质量，又起到了密封隔振的效果。

③ 电动式天窗。一般由天窗框架、天窗玻璃、天窗遮阳板、天窗导轨、驱动电机等零件组成。

(4) 车门。车门是车身上的一个独立总成，是供乘员或货物进出的必要通道，因此，它的使用频率很高。轿车在行驶过程中，车门不得因任何原因，如撞车事故等自动打开，而当发生事故后，车门不得因扭曲变形而打不开，因此，它是非常重要的安全件。车门使用频繁，且要求性能稳定，它的设计质量直接影响整车的安全性、造型效果、空气动力学特性、密封性及噪声等。

车门总成设计包括钣金零件的设计、车门附件的结构设计或选择及合理布置，其中既有金属件，又有非金属件。车门所包括的附件较多，而且性能要求又高，因此它的成本在整个车身中的占比较大。车门分前车门和后车门，结构如图 2-35 所示。

3）后车身

轿车后车身是用于放置物品的部分，是中间车身侧体的延长部分，主要包括行李箱、后翼子板、后侧板、后保险杠等部分。轿车的行李箱主要由行李箱锁、行李箱盖板、行李箱铰链和行李箱密封条等零件组成。为了提高行李箱盖的强度和吸能效果，在行李箱内板上装有加强筋。行李箱盖的内、外板件结构形式加大了钣金维修的难度，如果在事故中严重损坏，一般只能更换内、外板件。行李箱盖以铰接方式连接在上部的后盖板上。行李箱盖上通常留有安装后牌照的地方，有时安装部分尾灯。后翼子板又称为后侧围板，是车身后部两侧的大块板件，从后车门向后一直延伸到后保险杠位置，构成后端车身的侧面。三厢车的乘客室与行李箱是分开的，如图 2-36(a)所示；而两厢车的行李箱与乘客室合二为一，如图 2-36(b)所示。

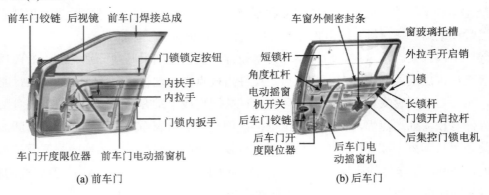

前车门铰链　后视镜　前车门焊接总成
门锁锁定按钮
内扶手
内拉手
门锁内扳手
车门开度限位器　前车门电动摇窗机

(a) 前车门

车窗外侧密封条
窗玻璃托槽
短锁杆　　　　外拉手开启销
角度杠杆　　　门锁
电动摇窗机开关　长锁杆
后车门铰链　门锁开启拉杆
后车门开度限位器　后集控门锁电机
后车门电动摇窗机

(b) 后车门

图 2-35　车门的结构

行李箱

(a) 三厢车　　　　　(b) 两厢车

图 2-36　行李箱与乘客室的构造

后保险杠位于车身的尾部，起到装饰和保护车辆后部零件的作用。后保险杠主要包括保险杠外皮、保险杠杠体、保险杠加强件、保险杠固定支架以及保险杠装饰条，常见的后保险杠的主要组成部件如图 2-37 所示。

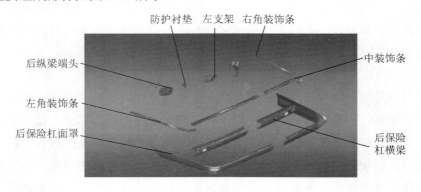

防护衬垫　左支架　右角装饰条
后纵梁端头　　　　　中装饰条
左角装饰条
后保险杠面罩　　　后保险杠横梁

图 2-37　后保险杠的主要组成部件

任务三 车身材料

学习目标

(1) 了解汽车上常用的材料。

(2) 掌握汽车上常用金属材料的识别。

汽车车身材料

一、金属材料

1. 汽车用钢板

车身钢板一般采用 0.6～1.5mm 厚的薄钢板。车身修理中见到的钢板，大多数是低碳钢，为减轻汽车重量逐渐采用超高强度钢、高强度钢、高强度低合金钢等。某些构件，特别是容易受腐蚀的构件，还广泛采用热镀锌钢板。

钢板的分类如表 2-2 所示。

表 2-2　钢板的分类

序　号	颜　色	钢材种类	抗拉强度/最小屈服极限 MPa
1	[1]	普通	<220
2	[2]	中等强度	220～260
3	[3]	高强度	280～340
4	[4]	较高强度	360～420
5	[5]	最高强度	800～1000
6	[6]	热成型	1200～1800

1) 冷轧钢板

冷轧将金属坯料通过对旋转轧辊的间隙(各种形状)，受轧辊压缩的材料厚度因此减小、长度增加的压力加工方法，主要用来生产型材、板材、管材。冷轧钢板主要用于车身、驾驶室、车头和车尾(行李箱)等冲压件。钢材冷轧具有冷加工硬化的特性。由于冷轧具有较好的机械性能，很多直接使用的钢材都使用冷轧钢材，如冷轧扭钢筋、冷轧钢丝、冷轧钢板等。

2) 热轧钢板

热轧钢板(卷)既可直接应用，又可进一步加工成冷轧钢板(卷)和表面处理钢板(卷)的原材料。热轧钢板可剪成带卷，既可直接应用，又可进一步加工成冷轧钢带(卷)和焊管。钢材热轧具有良好的塑性，因此容易成型，成型后的钢材没有内应力，便于进行下面的加工工序，如建筑用的钢筋、用来进行冲压的钢板、要进行机械加工和热处理的钢材都是热轧钢材。

3）高强度钢板

抗拉强度大于 280MPa 的钢板统称为高强度钢板。高强度钢板通常由低碳钢添加以下微量元素，通过热处理获得强度的提升。锰提高拉伸强度、硬度和耐磨性；铌提高拉伸强度和改善导电性；钛增加强度；硅改善硬度(螺旋弹簧)。相同的强度，超高强度的钢板较普通钢板薄，可以减轻汽车重量。但是对 370℃～650℃温度区域非常敏感，加热校正时，不正确的加热方式会降低钢的强度，因此，要谨慎操作，损坏后最好更换。护板、支柱加强件等采用高强度钢板制造。

高强度钢板在车身上的应用如图 2-38 所示。

图 2-38　高强度钢板在车身上的应用

4）超强度钢板

超强度钢板在冷态下很难校正，如果修理车身时加热不当，钢的高强度会受到破坏。车门护梁和保险杠加强件等均采用高强度钢制造，这些零件一旦被损坏，不能修理，只能更换。

2. 钢板的表面处理

钢板的表面处理，即在普通钢板表面进行处理以提高其耐腐蚀的能力，常用于车身上容易发生腐蚀的部位，如悬架周围、车门的门槛下部、油箱和排气系统等。

1）镀锌钢板

车身最常用的表面处理钢板是镀锌钢板，将锌覆于钢板表面的方法有电镀(见图 2-39)和热浸涂两种。采用热浸涂的方法涂覆的锌层比较厚一些，虽锌层与钢板的附着性略差，但防腐能力很好；采用电镀的方法镀锌，镀层薄，表面质量良好，车身板件常用镀锌钢板制造。

镀锌钢板可分为单面处理、双面处理和 2/3 面处理等几种，如图 2-40 所示。单面处理的镀锌钢板即只有一面有镀层，另一面是普通钢材。双面处理即两面都有镀层：其中一面镀层薄一些，只有一层；而另一面镀层厚一些，有两层。不同表面处理的板材在使用上有所不同。一般来讲，有镀层的或镀层厚的一面应向内，因为里面无法进行防腐处理，只能依靠板材自身的防腐能力；而没有镀层或镀层薄的一面应向外，可以在其上面进行涂装操作，增强其防腐能力。

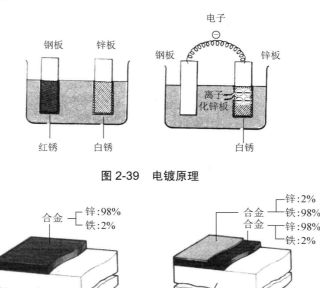

图 2-39 电镀原理

图 2-40 镀锌钢板

镀锌钢板将表面活性较强的金属锌作为保护层，先产生氧化物进而保护内部的钢板。因此，镀锌层在进行车身维修时应尽量保持其完好，不得将锌层磨去，尤其是用于内部的锌层，由于无法再次进行防腐处理，因此必须保障其完好。

需要注意的是，镀锌钢板用于涂装的一面由于锌层与普通原子灰和中涂漆或面漆等黏附力非常差，涂布在其上的涂料很短的时间内就会脱落，因此在镀锌板表面进行原子灰刮涂时应先用环氧底漆进行喷涂，这样既可以保护锌层，提高防腐能力，又可以提高板材与原子灰的黏附力。若要在锌层上直接刮涂原子灰应选用合金原子灰，只有合金原子灰才具有与锌层的黏附力，普通原子灰和外层涂料对锌层均没有黏附力。

镀锌钢板在车上的应用如图 2-41 所示。

使用镀锌钢板时应注意以下事项。

(1) 漆面和镀锌层在焊接前应该被完全磨掉，打磨时应小心操作。

(2) 点焊前应将点焊漆涂在焊接接触面间(用毛刷或喷雾剂)。

(3) 电极上会吸附面层微粒，因此要经常清洁电极头(用专用工具)。

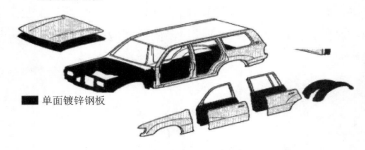

□ 双面镀锌钢板

■ 单面镀锌钢板

图 2-41　镀锌钢板在车上的应用

2)　镀锡钢板

镀锡钢板是在冷轧钢板表面被覆一层锡铅合金，俗称"马口铁"。因为锡和铅都是软金属，所以其覆层具有良好的润滑性，有利于冲压成型，其焊接性能也非常好。这种软金属的覆层与底材的附着力很强，不会产生剥落，耐蚀性也很好，常用于汽车的油箱等。

3)　镀铝钢板

镀铝钢板在高温下的耐腐蚀力非常强。车辆行驶时底盘受到飞溅泥水和排放废气等影响，导致排气管等排气系统的零部件快速地被腐蚀。在这种情况下，镀铝钢板就比一般的镀锌钢板更加稳定耐用，且价格比不锈钢要便宜许多，因此被广泛使用于排气管等排气系统上。

4)　不锈钢

不锈钢主要是由铁、铬及含量不同的碳元素组成的合金。此外，其还含有少量的锰、磷、硫、硅、镍、钼、铜、铝、氮等重要合金元素。作为合金钢，不锈钢在各种腐蚀环境(无论是大气还是强氧化性液体或气体)下，都具有一定的抗腐蚀能力并保持着一定的机械性能。不锈钢的强度比普通钢高 50%，高强度质量比和其非凡的抗腐蚀能力，使不锈钢被广泛地用于机械加工及冷成型车身零件。

二、轻金属及其合金材料

1. 铝合金

1)　常用的铝合金分类及特点

常用的铝合金分类及特点如表 2-3 所示。

表 2-3　常见的铝合金分类及特点

铝合金系统	特　征
纯铝(1000 系列)	纯度为 99%以上的铝材质材料，导电性佳但不强，常用于家庭用品和家用电器等
Al-Cu 系列金(2000 系列)	一般称为"杜拉铝"，此种合金强度像钢一样，但焊接性较差，常用于飞机的机身
Al-Mn 系列金(3000 系列)	此种合金改善纯铝的强度，常用于建材和烹饪用的平锅、壶等
Al-Si 系列(4000 系列)	此种合金因为加入硅，所以抗磨损性佳；此种合金因为加入铜、锰或镍，所以耐热性佳，为锻造汽缸活塞常用的材料
Al-Mg 系列合金 Al-Mg 系 (5000 系列)	非热处理铝合金，此种合金以镁为主要合金元素，含量介于 3%～5%，在物理性质上，具有低密度、高抗拉强度和高延展率的特点，焊接性能好，非常适合焊接结构件的制造，广泛用于航空、航海、建筑和汽车领域。耐腐蚀性好，常被用于车门、车顶和车身底板的制造
Al-Si-Mg 系列合金(6000 系列)	同时包含镁和硅两种金属元素，力学性能出色，可热处理，得到强化合金。此种合金强度高、耐腐蚀性佳且具有抗压性和良好的变形能力，被广泛用于发动机盖、后备箱盖以及翼子板等车身外部覆盖件
Al-Zn-Mg 系列合金 (7000 系列)	此种铝合金为超硬铝合金，在航空工业中被广泛应用，在 150℃下，具有较高的强度，焊接性能差。在车身材料的应用上，可与高强度钢配合使用，在保证车身刚性的同时，能降低车身重量，在车身碰撞时，可提高车身的吸能性，更好地保护乘客。近年来，在新能源汽车中也得到了应用，如吉利银河等

2)　铝合金在车身中的应用

以前铝合金仅应用于汽车的发动机、轮毂等，但现在一些新型的车身也开始应用铝金。最初铝合金只应用于车身外部装饰件，现在车身结构件也可以全部用铝合金来制造。

车身中的铝合金，依照它们在车身中的应用要求可分为铸造件、冲压件、压铸件。车身板件大部分使用压铸件。铝合金在车身中的应用如图 2-42 所示。

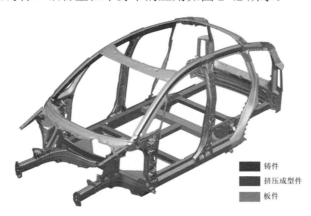

铸件
挤压成型件
板件

图 2-42　铝合金在车身中的应用

压铸件用来制造能够承受大载荷的部件，明显减轻质量但同时还具有高的强度。这些板件具有复杂的几何形状，通常是用真空压铸的方式生产，使它具有高强度。此外，它还具有高的延展性、良好的焊接性以及较强的塑性，保障它在碰撞时有很强的安全性。

铝合金部件一般用于碰撞吸能区。除了能够承受正常的载荷，在碰撞变形中还可以吸收大量的能量，保护后面的部件完整不会变形。一般用来制造横梁、保险杠及其支撑件。

3) 铝合金车身的优点

(1) 经济性。虽然它的强度、刚性不如传统的钢铁车身，但它极大减轻了车身重量，重要的是减少了燃油消耗，改善了车辆操纵性。铝的密度大约是钢铁的 1/3，在车身制造中铝的应用可以使车身减小 20%～30%的重量，随之减少 10%的燃油消耗。

(2) 环保性。铝车身的环保性能优于钢铁车身，不仅可以减少燃油的消耗，还可以减少在生产制造过程中污染物的排放，因为 99%的铝可以被循环利用。

(3) 防腐蚀性。铝暴露在空气中很快在表面形成一层致密的氧化物，这层氧化物是三氧化二铝，其使金属和空气隔绝开来，防止氧气的进一步腐蚀。正是这种可以迅速形成铝氧化物以抵抗外部氧化腐蚀的性能，使它成为优良的防腐性能材料。铝金属外层的氧化铝具有高熔点的特性，这层氧化物熔点高达 2 050℃。

(4) 安全性。铝材具有高的能量吸收性能，是一种制造车身变形区的理想材料，以增强车身的被动安全性。

2. 镁合金

镁合金是最轻的金属结构材料，其密度为 $1.75～1.90g/cm^3$。镁合金的强度和弹性模量较低，但它有高的比强度和比刚度，在相同重量的构件中，选用镁合金可使构件获得更高的刚度。镁合金有很高的阻尼容量和良好的消震性能，它可以承受较大的冲击震动负荷，适用于制造承受冲击载荷和振动的零部件。镁合金具有优良的切削加工性能和抛光性能，在热态下易于加工成型。

镁合金熔点比铝合金熔点低，压铸成型性能好。镁合金铸件抗拉强度与铝合金铸件相当，一般可达 250MPa，最高可达 600MPa 以上。屈服强度、延伸率和铝合金也相差不大。镁合金还具有良好的耐腐蚀性能、电磁屏蔽性能以及防辐射性能，可进行高精度的机械加工。镁合金具有良好的压铸成型性能，压铸件壁厚最小可达 0.5mm，适应制造汽车各类压铸件。

所用的镁合金材料以铸造镁合金为主，如 AM、AZ、AS 系列铸造镁合金，其中 AZ91D 用量最多。镁合金压铸件适合做汽车仪表板、汽车座椅骨架、变速箱壳体、方向盘操纵系统部件、发动机零部件、车门框架、轮毂、支架、离合器壳体和车身支架等。

三、非金属材料

在汽车制造过程中，除使用金属材料外，还广泛使用非金属材料。近年来，非金属材料越来越多地应用于汽车镀金板和其他部件的制造上，其目的是减小汽车总重量。常见的如汽车灯罩、仪表板壳、转向盘、坐垫、风窗玻璃、轮胎、传动带和连接软管等都是由非金属材料制成的。非金属材料的种类很多，本节主要介绍塑料、橡胶、玻璃钢等材料的基本知识以及它们在汽车上的应用。

1. 塑料

塑料具有重量轻、坚固、易着色等优点，在汽车材料中的应用范围逐渐扩大，从最初的内饰件和小零件发展到可替代金属来制造各种机械配件和车身板件。塑料是以合成树脂为基体，并加入某些添加剂制成的高分子材料，在一定温度、一定压力下可以塑造成各种形状的部件。

(1) 聚氯乙烯(PVC)。PVC 塑料在汽车车身板件中应用较广。

(2) 聚苯乙烯。其用于制造一般结构零件，如玻璃。

(3) 低压聚乙烯。其用于制造一般结构零件，如玻璃。

(4) ABS 塑料。其是由苯乙烯、丁二烯、丙烯腈所组成的树脂塑料制成。它具有良好的综合性能，在汽车上的应用发展很快，用于制造转向盘、散热器罩、仪表板总成、车顶天窗、挡泥板等。

(5) 聚丙烯。其是常用塑料中最轻的一种，在汽车上可用于制造散热器罩、挡泥板、蓄电池外壳、正时齿轮盖、变速器体等。

(6) 有机玻璃(聚甲基丙烯酸甲酯)。有机玻璃是一种高透明度的热塑性塑料。其能透过可见光 99%，是最高级的透明材料，用于制造汽车指示灯护镜、遮阳板、门窗玻璃及其他装饰件等。

(7) 尼龙及聚甲醛。尼龙又称聚酰胺，它和聚甲醛都属于一般耐磨传动零件用塑料，用于制造转向节衬套、卡扣等。

(8) 泡沫塑料分为聚氨酯泡沫塑料和聚氯乙炔泡沫塑料两种。聚氨酯泡沫塑料具有良好的缓冲性能，当很强烈的撞击力作用在人体上时，泡沫能将这种撞击力减弱并分散，减小撞车事故后乘员的致伤程度。半刚性的聚氨酯泡沫塑料用于制造仪表板、前柱、中柱、后柱、转向管柱及转向盘等。聚氯乙炔泡沫塑料具有相对密度小、热导率低等优点，属于一般隔热、减震零件用材料，主要用于制作密封条、地毯等。塑料在汽车上的应用如图 2-43 所示。

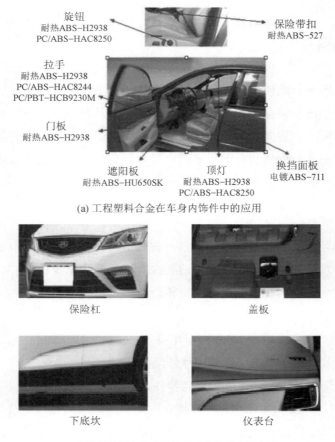

(a) 工程塑料合金在车身内饰件中的应用

保险杠

盖板

下底坎

仪表台

(b) 热塑性材料在车身覆盖件及内饰件中的应用

图 2-43　塑料在汽车上的应用

汽车内饰常用塑料的种类及比例如图 2-44 所示。

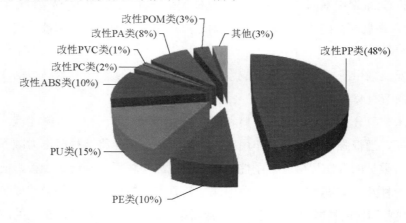

图 2-44　汽车内饰常用塑料的种类及比例

2. 橡胶

橡胶是一种有机高分子弹性化合物。它具有良好的柔性，复原性很强。橡胶在断裂时的伸长率为 500%～600%，而低碳钢仅为百分之几。橡胶还具有不透水性、不透气性及电绝缘性等。汽车为了防风、防雨以保护驾驶室及货箱、机舱等不受雨水、灰尘侵入的影响，都在车门或车窗上与车身配合等的间隙部分使用防水橡胶条。从汽车钣金角度看，橡胶主要用作垫圈、缓冲、防尘、密封等配件。橡胶在汽车身上的应用如图 2-45 所示。

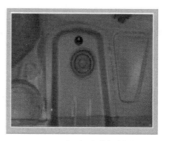

(a) 车身密封胶条　　　　　　　　　　(b) 车身密封胶圈

图 2-45　橡胶在汽车身上的应用

3. 玻璃钢

玻璃钢材料包括热固性玻璃钢、热塑性玻璃钢，还有 ABS 夹层板、聚氨酯等，主要用来制造外翼板、后备箱盖及前后保险杠、挡泥板等，有的甚至用来做全玻璃钢车身。玻璃钢是一种强度很高的结构材料，具有以下几个优点。

(1) 密度小，比铝轻 1/3；强度高，其强度(强度与密度的比值)超过钢材。

(2) 热导率仅为金属的 1/1000～1/100，是优良的隔热材料。

(3) 玻璃钢在超高温时产生大量气体，吸收大量热量，是一种热防护和耐烧蚀的材料。

(4) 具有优良的耐腐蚀性。

(5) 具有优良的电绝缘性，能通过高频电波，是非磁性材料。

玻璃钢在汽车上的应用如图 2-46 所示。

(a) 反光玻璃　　　　　　　　　　(b) 挡风玻璃

图 2-46　玻璃钢在汽车上的应用

职业素养提升

了解车身的发展，追本溯源，探求真理，不断创新

汽车自 19 世纪末诞生以来，已经走过风风雨雨的 100 多年。从卡尔·本茨造出的第一辆三轮汽车，以 18 公里/小时的速度，跑到现在，竟然诞生了从速度为零到加速到 100 公里/小时只需要 3 秒多的超级跑车。这 100 多年，汽车发展的速度如此惊人。中国汽车起步较晚，但一直在进步。不断创新，不断追求进步，要学习新技术、新方法，并能够脚踏实地地应用起来。

课后练习题

一、名词术语

1. 承载式车身

2. 非承载式车身

3. 半承载式车身

4. 车身覆盖件

5. 车身本体

二、选择题

1. 车身面积最大的板件包括(　　)。

    A. 发动机罩　　　B. 车门　　　　　　C. 顶盖　　　　　　　D. 后备箱盖

2. 承载式车身承载面高的原因有(　　)。

    A. 车轮大　　　　　　　　　　　B. 车厢高

    C. 底盘与车身间有钢板弹簧　　　D. 底盘和车身间有车架

3. 半承载式车身维修困难的原因为(　　)。

    A. 车身构件较多　　　　　　　　B. 车身构件尺寸小

    C. 车身参数多　　　　　　　　　D. 车身整体尺寸变形较复杂

4. 车身的(　　)刚性最大。

    A. 前部　　　　　B. 中部　　　　　C. 后部　　　　　D. 上部

5. 车上常用的非金属材料有(　　)、(　　)、(　　)。

    A. 塑料　　　　　B. 铝合金　　　　C. 橡胶　　　　　D. 玻璃钢

三、判断题

1. 现在大客车多采用专用底盘，采用整体式承重框架并采用预应力蒙皮。　　　（　　）

2. 现在的客车只采用了发动机后置、横置、后轮驱动方式。　　　（　　）

3. 现在的客车其车厢布局整体性强，乘坐环境极大改善，有助于安置较大的行李舱和其他辅助设施。　　　（　　）

4. 现在的客车承载式车身按车身上下受力的程度不同，又分为基础承载式和整体承载式两种。　　　（　　）

5. 承载式车身立柱较细，侧窗开口大，视野开阔，通透性强。　　　（　　）

6. 与半承载式车身不同，承载式车身的底架不是冲压成型后铆接车架式结构，而是由矩形管构成的格栅式结构。在这种情况下，车上各种载荷全部由汽车车身承受，这种设计使整个车身都可承受载荷，因此，承载式车身客车的被动安全性能比较好。　　　（　　）

7. 冷轧钢板主要用途是：车架、车辆车身内部钢板、底盘零件、底盘大梁、建材(H 槽和 L 槽)。　　　（　　）

8. 大多数整体式车身都采用冷轧钢板制成，冷轧钢板用于制造大多数的汽车车身组件。　　　（　　）

9. 高强度钢可以采用气体保护焊焊接或电阻电焊，也允许采用氧乙炔焊和电弧焊来焊接。　　　（　　）

10. 近年来，非金属材料越来越多地应用于汽车镀金板和其他部件的制造上，其目的是减小汽车总重量。　　　（　　）

项目三
保险杠及附件的拆装

任务一　前保险杠拆装与调整

学习目标

(1) 了解汽车前保险杠的类型与结构。

(2) 能够按照企业作业流程拆卸、安装、调整前保险杠。

(3) 能够列出更换前保险杠时应遵循的注意事项。

(4) 培养与车身部件拆装相关的职业素养。

(5) 能够初步掌握常用拆装工具的使用技能。

汽车保险杠
拆装

一、汽车前保险杠认识

当车辆前端与其他物体相撞时，汽车前保险杠(见图 3-1)对前车身进行保护。另外，保险杠还作为车身外部装饰件，起到美化轿车外形的作用。

轿车保险杠基本都安装于车辆的前侧梁上，当车辆发生碰撞事故时，碰撞点的冲击能力可以被保险杠分别传递给两侧的侧梁，从而分散撞击力，对减少车身的变形具有一定的作用。现代轿车的保险杠结构分为两层，内部防撞梁由高强度钢制造，主要用于分散碰撞力和抵抗车身变形；外部面板由吸能效果良好的工程塑料制成，在汽车发生碰撞时发生较大的变形来吸收碰撞能量，对车身起到保护作用。另外，这种变形吸收碰撞能量的设计还有利于减轻被撞人或被撞物的伤害程度，也更容易与车身线条相融合，因此得到了广泛应用。

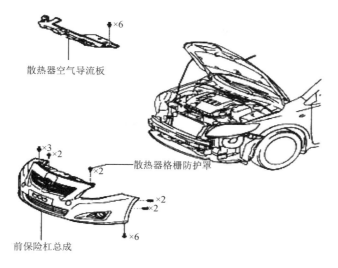

图 3-1　汽车前保险杠

二、汽车前保险杠的结构

当前乘用车多采用吸能型前保险杠，这种前保险杠安全保护性能好，且与车身造型的协调性也好。吸能型前保险杠的设计结构在汽车发生碰撞时吸收碰撞能量的能力比较强，可以有效地降低碰撞对车身的变形量。吸能型前保险杠按照其吸收能量的方式分为以下两种类型。

1. 带吸能箱的前保险杠

现代轿车采用带吸能箱(吸能盒)的前保险杠，如图 3-2 所示。这种前保险杠改变了传统使用橡胶块来吸能的结构，在前保险杠防撞梁(加强梁)与前纵梁之间加入吸能箱。

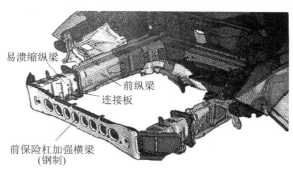

图 3-2　带吸能箱的前保险杠结构

2. 橡胶吸能型前保险杠

橡胶吸能型前保险杠结构比较简单,目前在乘用车中的使用已经不多了,如图 3-3 所示,它在防撞钢梁与塑料面罩之间夹有多孔橡胶块。汽车发生碰撞时,多孔橡胶块起缓冲、吸收冲击能量的作用。

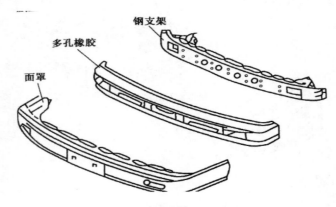

图 3-3　橡胶吸能型前保险杠结构

三、拆装前保险杠的防护用品、设备、工具

1. 防护用品的使用

拆装前保险杠的防护用品主要有工作服、防护鞋、手套、工作帽、防护口罩等。

2. 拆装工具的使用

拆装前保险杠的主要工具有棘轮扳手、旋柄、加长杆、T15 旋具、六角套筒、塑料铆钉拆装钳等。下面具体介绍棘轮扳手、旋柄和塑料铆钉拆装钳的使用。

(1) 棘轮扳手(见图 3-4)。其是拆装车身部件最常用的工具,不需要将套筒从紧固件上取下,就可用棘轮手柄一次完成拆卸或上紧。一个反向杆使棘轮机构在一个方向打滑,在另一个方向转动套筒。可用拨动棘轮杆位置来改变旋转方向。

棘轮扳手上有快速松开的按钮,用来松开装在手柄上的套筒。棘轮扳手需要配合不同规格的套筒、旋具头来使用。

(2) 旋柄(见图 3-5)。汽车上的多种螺纹紧固件是用螺钉旋具转动的,旋柄配合不同规格的旋具头使用。

旋具头整体热处理

图 3-4　棘轮扳手　　　　　　　　图 3-5　旋柄

(3) 塑料铆钉拆装钳。塑料铆钉用于不受作用力且注重外观的部位。塑料铆钉类型多种多样，因此拆卸和安装方法也各异。常用的拆装工具是塑料铆钉拆装钳(见图 3-6)。

图 3-6　塑料铆钉拆装钳

3. 举升机的安全操作

举升机的安全操作如下。

1) 使用举升机前应注意以下事项。

(1) 举升机使用前，应清除附近妨碍作业的器具及杂物。

(2) 检查操作机构是否灵敏、有效，液压系统不允许有爬行现象。

2) 操作方法

(1) 车辆行驶进入规定区域，离举升机两臂的距离应尽量相同。

(2) 调节举升机支撑块上的胶垫高度，使其在同一水平面上。

(3) 调整移动举升机支撑块，对准该车型规定的举升点，并用该手部动作检测支撑块是否对准举升点。

(4) 上述操作无误后，呼喊"举升"以让同伴知晓要进行举升操作，然后操作举升机，使所有支撑块与举升点接触，并观察是否正常。

(5) 若上述操作准确无误，则继续举升车辆，使其升高 30～50cm，摇晃车辆，观察车辆是否稳固，举升机是否存在异常。

(6) 若举升过程中无异常，则继续举升车辆到需要的高度，但车辆不可升得过高，以防达到举升高度限值。

(7) 操作举升机，落安全锁，确保安全可靠后人员才可到车底作业，作业时无关人员不可站在举升机下。

(8) 除保养及小修项目外，其他烦琐笨重作业，不应在举升机上操作修理。

(9) 有人作业时严禁升降举升机。

(10) 若发现操作机构不灵、电机不同步、托架不平或液压部分漏油等故障，应及时撤离、报修，不得继续操作举升机和作业。

(11) 操作结束准备下降举升机时，应喊"降落"以告知同伴，解除安全锁，然后进行降落操作，举升臂应降至底部，否则无法移动。

(12) 作业完毕后应清除杂物，打扫举升机周围以保持场地整洁。

(13) 定期排出举升机油缸积水，并检查油量，油量不足应及时加注相同牌号的压力油。同时应检查润滑、举升机传动齿轮及缝条。

四、前保险杠拆卸

下面以雪佛兰科鲁兹 2017 款为例，介绍前保险杠拆卸的流程。

前保险杠拆装实操

1. 准备工作

(1) 进入车间应佩戴好个人防护用品。

(2) 环车一圈进行检查，确认车身是否有损伤。

(3) 查阅维修手册，确定拆卸工艺流程，确定前保险杠及附件与车身的连接方式和固定位置，如图 3-7 所示。

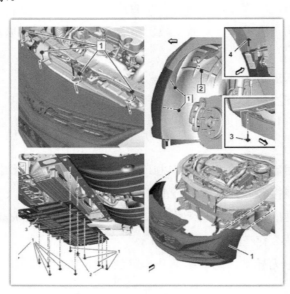

图 3-7　维修手册技术参数图例

(4) 将拆装前大灯的工具从工具车中取出，摆放在工作台上(工具包括棘轮扳手、旋柄、加长杆、T15 旋具、六角套筒等)。

（5）打开发动机盖，铺好车外防护三件套，如图 3-8 所示。

（6）使用棘轮扳手旋松蓄电池负极固定螺母，断开蓄电池负极连接线，并进行有效的绝缘，如图 3-9 所示。

图 3-8　铺设车外三件套

图 3-9　断开蓄电池负极

2. 拆卸前保险杠

（1）拆卸前保险杠上部 4 颗螺钉，如图 3-10 所示。

（2）将车辆安全举升到合适位置。

（3）拆卸前保险杠蒙皮加长件固定螺钉和塑料铆钉，取下加长件放在指定地方，如图 3-11 所示。

（4）拆卸前保险杠两侧与轮罩间的三颗固定螺钉和保险杠两侧与前翼子板间的一颗固定螺钉。

（5）将车辆安全降至地面。

（6）取下防护三件套。

图 3-10　前保险杠上部连接方式

图 3-11　加长件固定方式

（7）两人配合，将前保险杠与车身之间的卡扣分离，需要注意的是，拆卸时要小心，如果强行用力，保险杠蒙皮可能会断裂，如图 3-12 所示。

(8) 断开线束连接器，先把接插件的红色卡扣向后推，然后按住中间的弹性卡扣，将连接器插头分开，如图 3-13 所示。

图 3-12　分离前保险杠与车身之间的卡扣　　　　图 3-13　断开线束连接器

(9) 取下前保险杠并放到指定地方，注意放置的时候不要损伤到漆面。

五、前保险杠的安装与调整

前保险杠的安装顺序与拆装顺序大致相反。需要注意的是，前保险杠固定到车身后，必须对其和发动机盖的间隙进行调整，使间隙均匀一致并在参数范围内，最后将所有螺栓按规定扭矩拧紧。

(1) 连接线束插头，将红色锁扣向前推进到锁止位置。

(2) 将前保险杠放到水箱支架上，并将左、右两侧的卡扣装到车身相应的槽内。

(3) 将车辆安全举升到合适位置。

(4) 安装前保险杠两侧与前翼子板的固定螺钉及安装前保险杠两侧与轮罩的固定螺钉，如图 3-14 所示。

(5) 安装前保险杠底部加长件固定螺钉和塑料铆钉，如图 3-15 所示。

图 3-14　安装前保险杠两侧螺钉　　　　图 3-15　安装前保险杠底部加长件固定螺钉和塑料铆钉

(6) 将车辆安全降至地面。

(7) 安装前保险杠上部四颗螺钉。

(8) 关闭发动机舱盖，检查前保险杠与发动机舱盖之间的间隙是否均匀，并查阅维修手册，间隙应为3mm±1.5mm，如果超出此范围，就应进行相应调整，如图3-16所示。

图3-16 检查前保险杠与发动机舱盖间隙

(9) 查阅维修手册规定扭矩，紧固所有螺钉。

(10) 将举升臂恢复至初始位置。

(11) 按照5S标准整理拆装工具，并清洁场地。

任务二 后保险杠拆装与调整

学习目标

(1) 了解汽车后保险杠的类型与结构。

(2) 能够按照企业作业流程拆卸、安装、调整后保险杠。

(3) 能够列出更换后保险杠时应遵循的注意事项。

(4) 培养与车身部件拆装相关的职业素养。

(5) 能够初步掌握常用拆装工具的使用技能。

一、认识汽车后保险杠

汽车后保险杠的作用与前保险杠大同小异，在汽车后部发生碰撞时保护后部车身。后保险杠结构一般由后保险杠蒙皮(见图3-17)、泡沫缓冲块、防撞梁、吸能盒组成，如图3-18所示。防撞梁与吸能盒的作用与前保险杠相同，对低速追尾具有一定的防护作用。

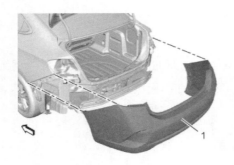

图 3-17　后保险杠蒙皮

图 3-18　后保险杠结构

二、拆卸后保险杠

后保险杠拆装
实操

拆卸后保险杠包括以下内容。

1. 安全防护

拆卸后保险杠的防护用品主要有工作服、防护鞋、手套、工作帽、防护口罩。

2. 设备和工具

拆卸后保险杠的设备和工具和前保险杠基本一样，特别要注意举升机的安全操作。

3. 准备工作

(1) 围绕车一周进行检查，确认车身是否有损伤。

(2) 查阅维修手册，确定拆卸工艺流程，确定后保险杠及附件与车身的连接方式(见图 3-19)和固定位置。

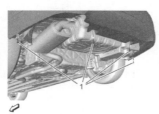

(a) 尾灯与行李舱螺栓连接　　(b) 后保险杠总成下方卡扣连接　　(c) 后保险杠与行李舱螺栓连接

图 3-19　后保险杠及附件与车身的连接方式

(3) 将拆卸后保险杠的工具从工具车中取出，摆放在工作台上。

(4) 断开蓄电池负极连接线，并进行有效绝缘。

4．拆卸后保险杠

(1) 拆卸尾灯。拆卸行李箱左、右侧装饰开口盖，如图 3-20 所示。每个尾灯通过两个螺母固定，并用手拧松两个螺母，向后方拍尾灯，松动后将尾灯从定位孔中拉出，如图 3-21 所示。断开尾灯连接线束插头，先把接插件的红色锁扣向后推，然后按住中间的弹性锁扣，最后将连接器插头分开。将尾灯放到合适位置，注意不要剐蹭尾灯玻璃面。

图 3-20　拆卸开口盖　　　　　　　　　图 3-21　拆卸尾灯

(2) 将车辆安全举升到合适位置。

(3) 拆除左、右侧后保险杠与后轮罩之间的 3 颗后轮罩衬板螺钉，如图 3-22 所示。拆除左、右侧后保险杠与后翼子板之间的 1 颗螺钉，如图 3-23 所示。

图 3-22　拆卸后轮罩衬板螺钉　　　　　图 3-23　拆卸后翼子板螺钉

(4) 拆卸后保险杠蒙皮底部两颗螺钉，拆卸后保险杠蒙皮底部两颗塑料螺母，如图 3-24 所示。

(5) 将车辆安全降至地面。

(6) 两人配合，将后保险杠蒙皮与车身之间的卡扣分离，拆卸时要小心，否则如果强行用力，保险杠蒙皮可能会断裂，如图 3-25 所示。使用平刃塑料修整工具分离固定凸舌，如图 3-26 所示。

(7) 把后保险杠蒙皮外拉一小段距离，露出线束接插件，把接插件的红色锁扣向后推，然后按住中间的弹性锁扣，将连接器插件分开，如图 3-27 所示。

图 3-24　拆卸蒙皮底部螺钉、螺母

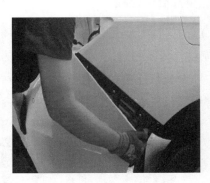

图 3-25　分离后保险杠蒙皮与车身之间的卡扣

图 3-26　分离固定凸舌

图 3-27　分离线束接插件

（8）取下后保险杠蒙皮，并放到指定地方，需要注意的是，放置的时候不要损伤到漆面，如图 3-28 所示。

5. 安装后保险杠

（1）维修人员配合工作，一个人托住后保险杠蒙皮，另一个人安装后保险杠线束接插件，如图 3-29 所示。

图 3-28　取下后保险杠蒙皮

图 3-29　安装线束接插件

(2) 先将后保险杠的固定凸舌小心推入固定位置，如图 3-30 所示；然后将后保险杠蒙皮的卡扣小心推入后保险杠蒙皮导板之内，并检查缝隙大小，如图 3-31 所示。

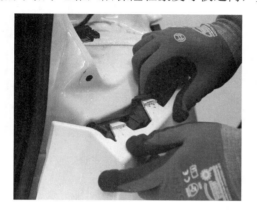

图 3-30 推入固定凸舌

图 3-31 推入后保险杠蒙皮卡扣

(3) 将车辆安全举升到合适位置。

(4) 安装后保险杠蒙皮底部两颗塑料螺母，安装后保险杠蒙皮底部两颗螺钉，如图 3-32 所示。

(5) 安装左、右侧后保险杠与后翼子板之间的 1 颗螺钉，安装左、右侧后保险杠与后轮罩之间的 3 颗后轮罩衬板螺钉，如图 3-33 所示。

图 3-32 安装蒙皮底部螺母、螺钉

图 3-33 安装后轮罩衬板螺钉

(6) 将车辆安全降至地面。

(7) 安装尾灯连接线束插头，如图 3-34 所示。将尾灯的定位销对准车身的定位孔，向前推尾灯，使定位销完全进入定位孔，如图 3-35 所示。安装左、右侧尾灯 2 个螺母，安装行李箱左、右侧装饰开口盖。

(8) 安装蓄电池负极连接线。

(9) 将举升臂恢复至初始位置。

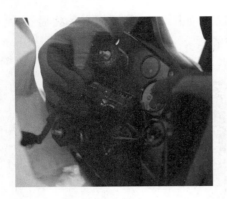

图 3-34　安装尾灯连接线束插头

图 3-35　尾灯定位销与车身定位孔

职业素养提升

树立安全第一、尽职担责的意识

　　汽车产品在制造、使用、维修各环节都有严格的安全规定。比如，在制造环节，所有汽车产业链公司必须通过 TS16949 等认证；在使用环节，驾乘人员必须严格遵守交通法规；在汽车维修环节，维修技师必须按照维修手册规定开展维修作业，维修的目的是使车辆恢复到出厂的标准，如果维修技师责任心不强，抱着"差不多就行了"的态度作业，轻者造成车辆性能下降、磨损严重、寿命缩短，重者则可能造成车辆行驶过程中发生事故，导致驾乘人员人身安全受到损害。

课后练习题

一．选择题

1. 保险杠可以分为(　　)和(　　)两类。

　　A. 普通型　　　　B. 塑料型　　　　C. 吸能型

2. 多数保险杠通过(　　)与汽车紧固。

　　A. 胶水　　　　　B. 焊接　　　　　C. 铆钉　　　　　D. 螺栓

3. 保险杠面罩常用的材料是(　　)。

　　A. 钢板　　　　　B. RIM　　　　　C. PP　　　　　D. ABS

二、判断题

1. 普通型保险杠也称为刚性保险杠。　　　　　　　　　　　　　　　　　　　(　　)

2. 吸能保险杠按照其吸收能量的方式，分为橡胶吸能型保险杠和吸能单元保险杠。

（　　）

3. 保险杠基本都安装于车辆的前、后侧梁上。 （　　）

4. 普通型保险杠的安全保护性能好，且与车身造型协调性好，因此多用于高级轿车。

（　　）

5. 在拆卸保险杠前，应拔掉保险杠前部所有灯的线束。 （　　）

6. 普通保险杠在钢支架与面罩之间夹有多孔橡胶块。 （　　）

7. 吸能保险杠在保险杠骨架的后端装有吸能装置以吸收碰撞时的动能。 （　　）

项目四
前翼子板、前大灯拆装

任务一　前翼子板的拆装与调整

学习目标

(1) 了解汽车翼子板的作用。

(2) 掌握汽车前翼子板拆卸方法与步骤。

(3) 掌握汽车前翼子板安装方法与步骤。

(4) 掌握汽车前翼子板的调整。

汽车翼子板
拆装

一、汽车翼子板的认识

　　汽车翼子板的作用是汽车在行驶过程中，防止车轮卷起的砂石、泥浆溅到车厢的底部。因此，要求所使用的材料具有不易老化和良好的成型加工性。材料一般使用高强度的镀锌钢板，厚度为 0.6～1mm。

　　汽车翼子板用螺栓连接到散热器支架、发动机室内部的挡泥板件以及门后和汽车底下的盖板上，如图 4-1 所示。

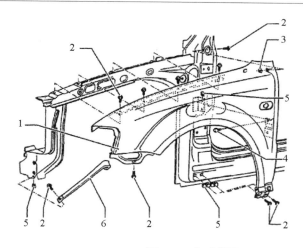

1—前翼子板

2—螺钉
◆ 9个

3—插片螺母

4—TORX螺钉
◆ TORX螺钉T25
◆ 6N·m

5—扩张螺母
◆ 4个

6—支撑件

图 4-1　典型前翼子板连接

二、翼子板的结构类型

翼子板是遮盖车轮的车身外板，因旧式车身翼子板的形状及位置似鸟翼而得名。根据安装位置的不同，其又分为前翼子板和后翼子板。翼子板主要由外覆盖件和内板加强件组成，内板加强件采用树脂或电阻电焊等形式将其连成一体。

前翼子板如图 4-2 所示，安装在前轮处，为独立的部件，大多用螺栓和车身壳体相连，后端与前围支柱相连，前端与散热器支架的延长部分及前照灯架相连，侧面与挡泥板相连。因此拆卸翼子板前需拆卸很多部件，而部分车辆翼子板的紧固螺栓看不见，因为多被树脂密封胶粘住，拆卸时需先用暖风枪烘烤熔化后，才可见紧固螺栓。有些车辆的前翼子板用有一定弹性的塑性材料做成。塑性材料具有缓冲性，安全性较高。

后翼子板如图 4-3 所示，是车身后部侧面的外表，又称为后侧围板，是后部车身两侧最大的板件，从后车门向后一直延伸至后保险杠位置，形成后部车身的侧面，通常以焊接方式与车身壳体相连，为非独立部件，不可拆卸，损坏时需通过焊点破除切割损坏处来更换新部件。

图 4-2　前翼子板

图 4-3　后翼子板

三、防护用品、设备和工具的准备

防护用品、设备和工具的准备如下。

(1) 整车。

(2) 相应车型的车身修理手册。

(3) 拆装前翼子板的防护用品包括工作服、工作帽、防护鞋、手套、防护眼镜、耳塞。

(4) 常用拆装工具包括棘轮扳手、旋柄、六角套筒、塑料翘板、T15 旋具。

四、前翼子板的拆卸与安装

1. 汽车前翼子板的拆卸

拆卸前需先拆除前保险杠蒙皮、前保险杠蒙皮导板、前轮罩衬板、前大灯、前翼子板隔板及车身侧上部的饰件。

拆卸步骤如下。

1) 粘贴保护胶带，举升车辆

在前大灯、发动机盖、左前门与前翼子板相邻的交界处粘贴保护胶带，如图 4-4 所示，用来防止拆卸或安装的时候发生刮蹭从而破坏漆面。举升车辆如图 4-5 所示。

前翼子板拆装实操

图 4-4　粘贴保护胶带

图 4-5　举升车辆

2) 拆除前轮罩衬板

前轮罩衬板由 15 颗螺钉和 1 颗塑料铆钉固定，这些紧固件的位置如图 4-6 所示。

逐一拆除螺栓，拆除塑料铆钉需要用铆钉楔子。

拆下前轮罩衬板(见图 4-7)。

3) 拆卸前保险杠蒙皮

首先，拆除前保险杠蒙皮上顶部的 4 颗螺钉，如图 4-8 所示。

其次，拆除两侧螺钉，如图4-9所示。

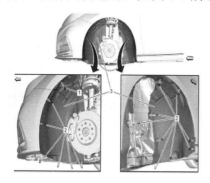

图4-6　螺钉布置

图4-7　拆下前轮罩衬板

图4-8　拆除顶部4颗螺钉

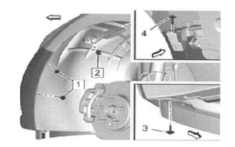

图4-9　拆除两侧螺钉

再次，拆除底部4颗螺钉，如图4-10所示。

最后，断开电气连接器，如图4-11所示，先把接插件的红色锁扣向后推，然后再松开插头。小心地将前保险杠右侧蒙皮向外拉出，并将其放到指定位置，注意放置的时候不要损伤到漆面。

图4-10　拆除底部4颗螺钉

图4-11　断开电气连接器

4)　拆卸前大灯

拆除大灯前要先关闭大灯，防止拆除大灯时产生故障码。前大灯共有4颗固定螺钉，按照先下后上的顺序拆除，如图4-12所示。

断开大灯的电气连接器，如图4-13所示。

图 4-12　拆除螺钉 　　　　　图 4-13　断开大灯时电气连接器

5)　拆卸前保险杠蒙皮导板

前保险杠蒙皮导板共有 3 颗固定螺钉，拆卸时要注意螺钉的位置，如图 4-14 所示。

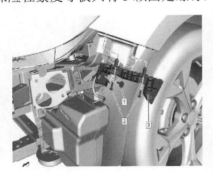

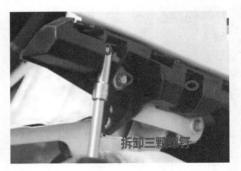

图 4-14　拆卸三颗螺钉

6)　拆除前翼子板隔音板

拆除前翼子板隔音板，如图 4-15 所示，并将其放到指定位置。

图 4-15　拆除前翼子板隔音板

7)　拆除车身侧上部饰件

饰件是用 3 个塑料紧固件固定的，拆除时打开左前门，从饰件的背面用带刃口的塑料工具小心撬开饰件，然后拆除，如图 4-16 所示，并把饰件放到指定位置。

8)　拆除前翼子板

前翼子板通过 10 颗螺钉固定，同时要注意螺钉在车上的位置。拆除顺序为：右下侧 3

颗螺钉→门前部 1 颗螺钉→左下侧 2 颗螺钉→三角形饰板内 1 颗螺钉→上侧 3 颗螺钉，如图 4-17 所示。

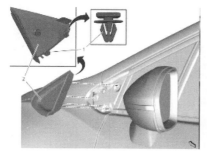

图 4-16　拆除车身饰件

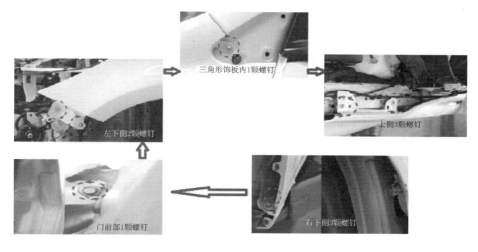

图 4-17　拆除前翼子板

取下前翼子板，放在指定位置，注意漆面朝上，以防止发生剐蹭从而破坏漆面。

2. 汽车前翼子板的安装

1）　安装前翼子板

如图 4-18 所示，翼子板有三个带开口的孔，作用是安装时调节翼子板的位置。先把两个地方的螺栓装上，不用拧紧，然后把前翼子板装到车身上。

按照先上后下的顺序将其他螺栓拧上，但不用拧紧，打开车门，调整车门与翼子板的间隙，调节翼子板与车门的平整度，使筋线对齐，根据经验，翼子板安装以后需要比门略微高出一点，这样便不容易剐蹭到翼子板。

2）　安装侧上部饰件、导水条、隔音板

安装饰件如图 4-19 所示，将三个塑料紧固件卡进相应位置。

安装导水条和隔音板，如图 4-20、图 4-21 所示。

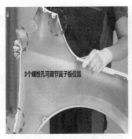
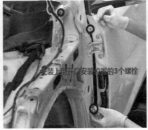

图 4-18　安装前翼子板

图 4-19　安装饰件　　　　图 4-20　安装导水条　　　　图 4-21　安装隔音板

3)　安装前保险杠蒙皮导板

首先拧紧导板上的 3 颗螺钉，然后安装前保险杠蒙皮导板，如图 4-22 所示。

图 4-22　安装前保险杠蒙皮导板

4)　安装前大灯

安装前大灯前先连接线束连接器。

然后将大灯定位孔安装到合适位置→安装上方 2 颗螺钉→安装下方 2 颗螺钉，如图 4-23 所示。

放下发动机舱盖，安装后检查发动机舱盖与大灯之间的间隙(3mm±1.5mm)，如图 4-24 所示。

5)　安装前保险杠蒙皮导板

安装前保险杠蒙皮导板如图 4-25 所示，安装顺序是安装顶部 4 颗螺钉→底部 4 颗螺钉→侧部 2 颗螺钉。

安装后，检查前保险杠蒙皮与发动机舱盖的间隙(3mm±1.5mm)。

图 4-23　将大灯定位孔安装到合适位置

图 4-24　检查间隙

6)　安装前轮罩衬板

先安装前轮罩下部 3 颗螺钉，然后安装塑料铆钉，最后安装内部 12 颗螺钉，如图 4-26 所示。

图 4-25　安装前保险杠蒙皮导板

图 4-26　安装前轮罩衬板

7)　放下车辆，撕去保护胶带，如图 4-27 所示。

图 4-27　撕去保护胶带

五、前翼子板的调整

安装前翼子板的过程中需移动翼子板进行调整，一般从车门后部开始调整并拧紧翼子板螺栓，然后是车门顶部。将翼子板到车门之间的间隙以及翼子板和发动机罩之间的间隙调整准确，然后朝着汽车前部，拧紧翼子板螺栓。

一种方法是在螺栓上移动翼子板，使它与其他车身部件精确地对准。前后移动翼子板，直到翼子板、车门和前围板留有合适的间隙。此外，还要内外调整翼子板，使其与车门平齐并与发动机罩平行。只有翼子板对准后才能拧紧固定螺栓。

必须确定翼子板的曲率与前门边缘的形状匹配，可以在翼子板的中后部安装一个固定螺栓，在曲率正确后，可以将其拧紧。如果不这样做，就需要调整上、下部的后部安装孔的位置(上、下)，使翼子板与车门匹配。

另一种方法是使用车身垫片来调整翼子板或其他车身板件。车身垫片是一片薄薄的 U 形金属片。通过松开螺栓，垫片可以滑到板件下面和螺栓周围。重新拧紧后，板件位置升高或降低与垫片厚度相等的距离。

将车身板件加垫片曾经在全车架汽车上使用得很频繁。然而，今天的承载式车身结构使用了焊接板件，因此几乎没有车身板可以加垫片了。然而，在全车架货车和顶级轿车上，车身板件仍然要加垫片。

翼子板加垫片是一种在将翼子板固定到前围盖板或翼子板内板上的螺栓下面使用衬垫的调整方法。通过更改垫片厚度，可以移动翼子板的位置获得正确的定位。

有时，可以在翼子板固定到前围盖板上的两颗大螺栓下面加垫片来调整翼子板与车门的相对位置。顶部螺栓通常在立门柱上，底部螺栓在装铰链立柱上或汽车下面的门槛上。

将顶部螺栓下面加垫片后，上翼子板会向外移出。下部螺栓加垫片会向外移出下部分翼子板。如果翼子板偏离得太远并且与车门不平齐，那么汽车行驶时，露出的车门边缘会产生风噪。

许多翼子板上不必使用垫片就可以达到完全调整，只有在必需的时候才使用垫片。

上述调整操作使翼子板、发动机罩和车门被正确定位。翼子板和发动机罩的调整通常必须同时进行，以便获得满意的效果。翼子板和发动机罩之间的间隙应符合工厂规范。调整后，翼子板周围的所有间隙应相等。

任务二　前大灯的拆装与更换

学习目标

(1) 了解汽车前大灯的组成。

(2) 掌握汽车前大灯的拆卸方法与步骤。

(3) 掌握汽车前大灯的安装方法与步骤。

汽车前大灯
拆装

一、汽车前大灯的组成

汽车前大灯包括转向灯、近光灯、远光灯、示宽灯，如图 4-28 所示，部分车型还集成雾灯和 LED 灯组，其主要是为驾驶员安全行车提供保障。

汽车大灯主要由灯泡、反射镜、配光镜、装饰框等组成，如图 4-29 所示。不管是普通灯泡还是卤素灯泡，均采用钨制成；反射镜主要用于聚合成平行光束，增大光度；配光镜则通过折射，增加视线范围。

图 4-28　汽车前大灯

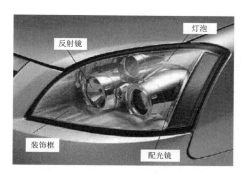
图 4-29　汽车大灯组成

二、防护用品、设备和工具的准备

防护用品、设备和工具的准备如下。

(1) 整车。

(2) 对应车型的维修手册。

(3) 拆装前大灯的防护用品：工作服、工作帽、防护鞋、手套。

(4) 常用拆装工具：棘轮扳手、旋柄、六角套筒。

前大灯拆装
实操

三、汽车前大灯的拆装与更换

拆卸汽车前大灯前需断开蓄电池负极，并将其有效绝缘；需要先拆卸前保险杠，如图 4-30 所示，并关闭大灯，防止产生故障码。

图 4-30　拆卸前保险杠

拆装汽车前大灯步骤如下。

1) 拆卸前大灯

按先下后上的顺序拆卸 5 颗螺钉，先拆下面的 3 颗螺钉，再拆上面的两颗螺钉，以免脱落，如图 4-31 所示。

最后将大灯从定位孔拉出后，断开大灯线束连接器，如图 4-32 所示。

图 4-31　拆卸 5 颗螺钉　　　　图 4-32　断开线束连接器

2) 拆卸前大灯灯泡

首先，按照逆时针方向依次解锁近光灯灯罩、远光灯灯罩、转向灯灯罩，如图 4-33 所示。

其次，依次解锁近光灯灯泡、远光灯灯泡、转向灯灯泡，按照逆时针方向旋转灯座和钣金件固定弹簧，如图 4-34 所示。

图 4-33　解锁灯罩　　　　图 4-34　解锁灯泡

3) 更换灯泡

4) 安装前大灯灯泡

首先，将示宽灯灯泡安装在灯座上，如图 4-35 所示。

其次，按照顺时针方向旋转灯座和钣金件固定弹簧，依次锁止转向灯灯泡、远光灯灯泡、近光灯灯泡。

最后，锁止转向灯灯罩、远光灯灯罩、近光灯灯罩，将其顺时针旋转，如图 4-36 所示。

图 4-35　安装示宽灯灯泡

图 4-36　锁止灯泡、灯罩

5)　安装前大灯

安装大灯线束，先把插头上的滑槽对上插座，再将红色锁扣压入后锁死接插件，如图 4-37 所示。

把大灯的两个定位销装到车身定位孔内(见图 4-38)，按照先下后上的顺序安装螺钉，且不完全拧紧，然后观察大灯的腰线和翼子板筋线是否对齐，缝隙是否均匀。

合上发动机机盖，并观察机盖与大灯之间的缝隙是否均匀。

按照维修参数，使用扭力扳手拧紧螺钉，如图 4-39 所示。

图 4-37　安装大灯线束

图 4-38　安装两个定位销

图 4-39　拧紧螺钉

职业素养提升

培养"关注细节、精益求精"的工匠精神

拆卸的部件必须放在指定位置，防止发生二次损伤，培养关注细节的工匠精神。安装部件后，需要仔细观察缝隙的大小和均匀程度，培养精益求精的工匠精神。

课后练习题

一、选择题

1. 前翼子板的形状与(　　)无关。

　　A. 发动机罩的形状和尺寸　　　　　　B. 车身的造型

　　C. 前照灯的形式和布置　　　　　　　D. 轮胎的宽度

2. 前翼子板由(　　)部件组成。

　　A. 外板覆盖件　　　　B. 内板加强件　　　　C. 密封条

3. 汽车翼子板按照安装位置的不同，分为(　　)和(　　)。

　　A. 前翼子板　　　　　B. 中翼子板　　　　　C. 后翼子板

4. 汽车前大灯包括转向灯、(　　)、远光灯和示宽灯。

　　A. 制动灯　　　　　　B. 近光灯　　　　　　C. 仪表灯

二、判断题

1. 拆卸前翼子板时，卡扣的拆卸要用专用工具。　　　　　　　　　　　　(　　)

2. 前翼子板与发动机舱盖间隙标准值为 2.3～5.3mm。　　　　　　　　　(　　)

3. 汽车前大灯拆卸前须断开蓄电池负极，并将其有效绝缘。　　　　　　　(　　)

4. 汽车大灯主要由灯泡、反射镜、配光镜、装饰框等组成，其中反射镜主要通过折射，增加视线范围。　　　　　　　　　　　　　　　　　　　　　　　　　(　　)

项目五

后视镜和车门的拆装

任务一　后视镜的拆装

学习目标

(1) 了解后视镜的结构。

(2) 掌握后视镜的拆装方法。

(3) 掌握后视镜拆装过程中的注意事项。

(4) 培养与车身部件拆装相关的职业素养。

(5) 能够初步掌握常用拆装工具的使用技能。

一、后视镜的认知

汽车后视镜俗称倒车镜，是重要的汽车主动安全装置，是驾驶员在驾驶座位上直接获取外部信息的工具。后视镜包括车外两侧的后视镜和车内的中间后视镜，需要调节视角时驾驶员可以不必下车，在车内通过电动按钮就可以调节。操作起来既方便又安全，现在大部分轿车的后视镜都是电动调节的，有些高级的后视镜还带有加热除霜功能。

1. 车外后视镜

车外后视镜通常为凸面镜，镜面呈球面状，具有大小不同的曲率半径，它的映像比看到的小，但视野范围大，类似相机广角镜的作用。车外后视镜一般由镜片、驱动电动机、控制电路及操纵开关等部分组成，如图 5-1、图 5-2 所示。每个后视镜镜片的背后都有两个可逆电动机，可操纵其上下左右运动。通常来说，垂直方向的倾斜运动由一个永磁电动机控制，水平方向的倾斜运动由另一个永磁电动机控制。为了使汽车获得最大的驻车间隙，通过尽可能狭小的路段，有的电动后视镜还有伸缩功能，由伸缩开关控制伸缩电动机工作，进而使两个后视镜整体回转伸出或缩回。

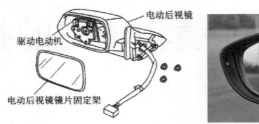

图 5-1　电动后视镜结构

图 5-2　电动后视镜调节开关

2. 车内后视镜

车内后视镜是一种平面镜，其与家庭用的镜子一样，可得到与目视大小相同的映像。车内后视镜最基本的作用就是观察汽车后方及车内的情况，观察后排乘客，特别是如果后排有儿童，就可以通过车内后视镜来观察，如图 5-3 所示。

图 5-3　车内后视镜

二、后视镜的拆装方法

1. 车外后视镜拆卸步骤

（1）　断开蓄电池负极电缆。

（2）　拆卸前门内饰板。

（3）　拆卸车外后视镜。

（4）　断开车外后视镜线束连接器，具体如下。

①　断开车外后视镜线束连接器，如图 5-4 所示。

②　拆卸车外后视镜 3 个固定螺母，如图 5-5 所示。

③　取下车外后视镜总成，并放在指定位置。

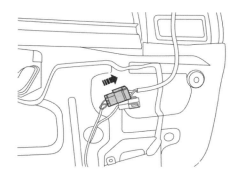
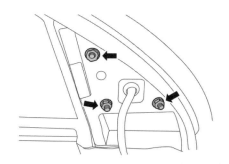

图 5-4　断开车外后视镜线束连接器　　　　图 5-5　拆卸车外后视镜固定螺母

2. 车外后视镜安装步骤

（1）　安装车外后视镜总成并拧紧 3 个固定螺母，如图 5-6 所示，拧紧力矩为 6N·m。

（2）　连接车外后视镜线束连接器，如图 5-7 所示。

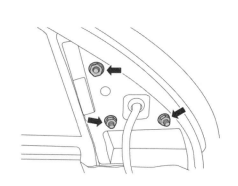
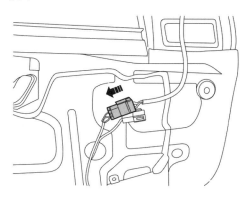

图 5-6　拧紧外后视镜固定螺母　　　　图 5-7　连接车外后视镜线束连接器

(3) 安装左前门内饰板。

(4) 连接蓄电池负极电缆。

3. 车外后视镜镜片更换

(1) 按如图 5-8 所示的方向，先将镜片一边压进去，此时另一边会翘起来，使用专用工具沿翘起来的镜片将卡扣撬起，待所有卡扣都撬起后，拆下车外后视镜镜片。

(2) 断开电动后视镜两根除霜线束，注意不要损坏线束，如图 5-9 所示。

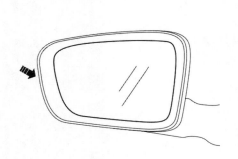

图 5-8　镜片边缘拆卸

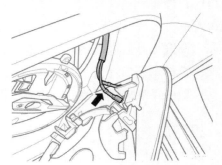

图 5-9　断开电动后视镜除霜线束

(3) 安装步骤与拆卸步骤相反。

4. 车内后视镜拆卸

(1) 拆卸车内后视镜固定螺栓，如图 5-10 所示。

(2) 使用专用工具拆卸车内后视镜固定支架。需要注意的是，车内后视镜支架采用特殊黏合剂黏结在挡风玻璃上，可适当采用辅助加热或除胶方法进行拆除。

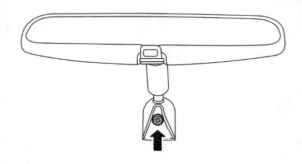

图 5-10　拆卸车内后视镜固定螺栓

5. 车内后视镜安装

(1) 使用专用清洁剂清洁车内后视镜支架安装位置玻璃的内侧表面，如图 5-11 所示。

(2) 按黏合剂组件要求涂抹黏合剂。

（3）先将后视镜支架定位在预先标记的位置，再用恒定压力将支架压在玻璃上 1～2 分钟。

（4）5 分钟后使用专用清洗剂清除多余的黏合剂。

（5）安装车内后视镜固定螺栓，如图 5-12 所示。

（6）将车内后视镜擦拭干净。

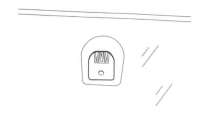

图 5-11　清洁车内后视镜安装位置

图 5-12　安装车内后视镜固定螺栓

任务二　车门内饰板的拆装

学习目标

（1）了解车门内饰板的功能结构。

（2）能够按照企业作业流程拆卸、安装、调整车门内饰板。

（3）能够列出更换车门内饰板时应遵循的注意事项。

（4）培养与车身部件拆装相关的职业素养。

（5）能够初步掌握常用拆装工具的使用技能。

一、汽车车门内饰板的认识

车门是驾驶员和乘客出入车的通道，其隔绝车外干扰，在一定程度上减轻了侧面撞击，能够保护乘员。此外，汽车的美观也与车门的造型有关。车门的好坏主要体现在车门的防撞性能、车门的密封性能、车门的开合便利性，当然还有其他使用功能等。防撞性能尤为重要，因为车辆发生侧碰时，缓冲距离很短，很容易伤到车内人员。

车门内饰板通常由车门锁止按钮、车门内开手柄总成、门内饰板主体、车门内把手、门内饰杂物盒等部件组成，如图 5-13 所示。

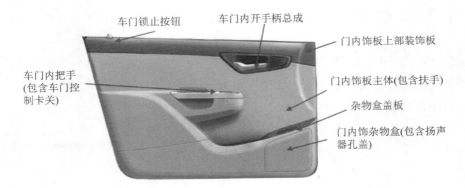

图 5-13　车门内饰板的组成

二、车门内饰板的拆卸

1. 前侧门内把手螺栓装饰盖的拆卸

(1)　首先打开车门，并找到前侧门内把手螺栓装饰盖(见图 5-14)。

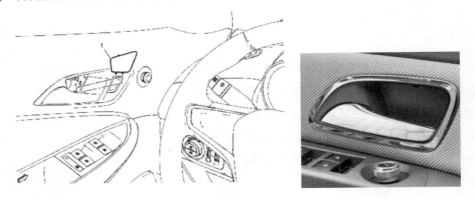

图 5-14　前侧门内把手螺栓装饰盖

(2)　然后使用平刃塑料修整工具，沿着前侧门内把手螺栓装饰盖周边空隙撬开，注意不要损伤内把手螺栓装饰盖和车门内饰板。

2. 前侧门扶手盖装饰件的拆卸

(1)　首先打开车门，并找到前侧门扶手盖装饰件(见图 5-15)。

(2)　然后使用平刃塑料修整工具，小心撬开扶手盖装饰件，从前侧门扶手盖小端下部到大端逐步撬出卡扣，最后抽出前侧门扶手盖装饰件。

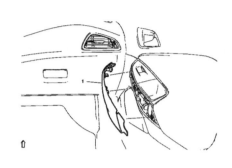

图 5-15　前侧门扶手盖装饰件

3. 前侧门内把手装饰盖的拆卸

(1)　首先，使用小飞套筒拆卸前侧门内把手螺栓装饰盖 1 个螺钉。

(2)　其次，使用小飞套筒拆卸前侧门扶手盖装饰盖 2 个螺钉，如图 5-16 所示。

4. 前侧门车门内饰板的拆卸

(1)　使用专用翘板沿车门内饰板的周边撬开卡子，如图 5-17 所示。需要注意的是，卡子一旦出现松动或被拆下，就必须用新的卡子，否则发生碰撞时会引起严重的安全失效并导致人身伤害。

(2)　小心拆卸车门锁止博登拉线，不要损坏。需要注意的是，拆下车门装饰件后，检查锁止博登拉线是否损坏。如果博登拉线损坏，则将锁杆(如博登拉线)作为一个总成更换。

(3)　向上拉前侧门装饰件，以从前侧门装饰件固定件上脱开。

(4)　打开前侧门内把手拉线盖以接近并松开前侧门内把手拉线。

(5)　断开所有电气连接器。

(6)　最后，将拆下的前侧门车门内饰板放到指定位置。

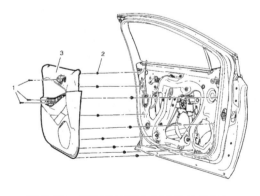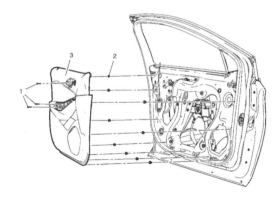

图 5-16　拆卸前侧门内把手装饰盖螺钉　　　　图 5-17　拆卸前侧门车门内饰板

5. 前侧门车门内饰板的安装

前侧门车门装饰板的安装步骤同前侧门车门内饰板的拆卸步骤相反。需要注意的是，安装完成后需检查车门内把手和车门锁止博登拉线是否工作正常，如不正常需拆卸重新安装。

任务三　车窗玻璃的拆装

学习目标

(1) 了解车窗玻璃的功能结构。

(2) 能够按照企业作业流程拆卸、安装、调整车窗玻璃。

(3) 能够列出更换车窗玻璃时应遵循的注意事项。

(4) 培养与车身部件拆装相关的职业素养。

(5) 能够初步掌握常用拆装工具的使用技能。

一、车窗玻璃的认识

汽车玻璃以前挡风玻璃为主。80 多年前，玻璃已装在美国福特厂出产的 T 型车上，当时是将平板玻璃装在车厢的前端，给车内人员遮风挡雨。从这以后的几十年，玻璃业逐步涉足汽车工业，创造了多种安全玻璃——夹层玻璃、钢化玻璃和区域钢化玻璃等品种，极大地改善了汽车玻璃的性能。

夹层玻璃，是指用一种透明可黏合性塑料膜贴在二层或三层玻璃之间，将塑料的强韧性和玻璃的坚硬性结合在一起，增加了玻璃的抗破碎能力。钢化玻璃，是指将普通玻璃淬火使内部组织形成一定的内应力，从而使玻璃的强度得到加强，受到冲击时，玻璃会分裂成带钝边的小碎块，对乘车人员不易造成伤害。而区域钢化玻璃是钢化玻璃的一种新品种，它经过特殊处理，能够在受到冲击时，其玻璃的裂纹仍可以保持一定的清晰度，保障驾驶者的视野区域不受影响。目前，汽车前挡风玻璃以夹层钢化玻璃和夹层区域钢化玻璃为主，能承受较强的冲击力。

车窗是整个车身的重要组成部分，能满足车内采光、通风及车内人员视野的需要。车窗的造型结构及质量对驾驶员的视野、乘客的舒适感、外形的美观以及空气动力特性等都有较大的影响。车窗通常为曲面封闭式结构，车身的车窗框与车窗玻璃之间用橡胶密封条连接。密封条起密封和缓冲作用，以防止因车身受力使窗框变形，不致损坏风窗玻璃。

车窗通常分为前、后风窗，通风窗，隔热侧窗，遮阳顶窗四种。

1) 前、后风窗

汽车的前、后风窗通常采用视野宽阔而又美观的曲面玻璃，轿车的前、后风窗又称前、后风挡玻璃。

2)　通风窗

为便于自然通风，某些汽车的车门上设有三角通风窗，三角通风窗可绕垂直轴旋转，窗的前部向车内转动而后部向车外转动，使空气在其附近形成涡流并绕车窗循环流动。

3)　隔热侧窗

侧窗玻璃采用茶色或带有隔热层，可使车内保温并营造一种安闲、宁静的舒适感。具有完善的冷气、暖气、通风及空调设备的高级客车常常将侧窗设计成不可开启式，以增强车身的密封性。

4)　遮阳顶窗

遮阳顶窗(汽车天窗)及其他车窗开启时可使车内与外界连通，作用类似敞篷车，以便车内人员在风和日丽的天气里充分享受明媚的阳光和清新的空气。遮阳顶窗不但可以增加室内的光照度，也是一种较有效的自然通风装置。

二、车窗玻璃的更换

将车窗置于车门大约一半的地方，如图 5-18 所示。

1. 前侧门挡水板的更换

(1)　将挡水板从车门上拉出，如图 5-19 所示。

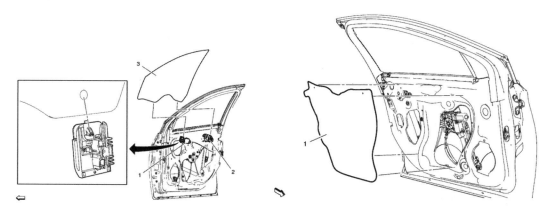

图 5-18　车窗玻璃结构　　　　　图 5-19　拉出前侧门挡水板

(2)　将电气连接器从车门上拆下，同时将其穿过挡水板。

2. 前侧门车窗腰线装饰条的更换

(1)　降低前车窗。

(2)　小心拆卸前侧门车窗腰线装饰条，不要将其损坏，如图 5-20 所示。

3. 前侧门车窗玻璃的拆卸

（1）使用合适的冲头工具并推第一个车窗玻璃升降器窗框，将车窗向上拉以将其从窗框分离，如图 5-21 所示。

（2）将车窗举至足够高并使用合适的冲头工具并推第二个车窗玻璃升降器窗框，将车窗向上拉以将其从窗框分离。

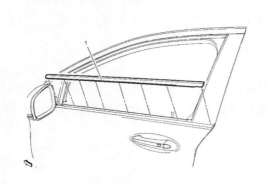

图 5-20　拆卸前侧门车窗腰线装饰条

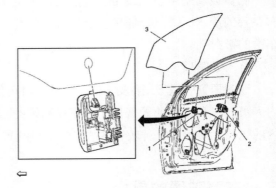

图 5-21　拆卸车窗玻璃

（3）必要时旋转前侧门车窗以便将其从前侧门上拆下。

任务四　车窗升降器的拆装

学习目标

（1）了解升降器的结构类型。

（2）能够按照企业作业流程拆卸、安装、调整升降器。

（3）能够列出更换车窗升降器时应遵循的注意事项。

（4）培养与车身部件拆装相关的职业素养。

（5）能够初步掌握常用拆装工具的使用技能。

一、车窗升降器的认识

电动车窗是利用电动机来驱动升降器的，能够使车窗玻璃上下移动，方便驾驶员和乘客，减小疲劳强度。电动车窗由车窗、电动机、车窗升降器、开关等装置组成。

电动车窗最主要的组成部分是车窗升降器。其种类可分为齿条式电动车窗升降器、齿扇式电动车窗升降器、交臂式电动车窗升降器和钢丝滚筒绳式电动车窗升降器(见图 5-22～图 5-25)。

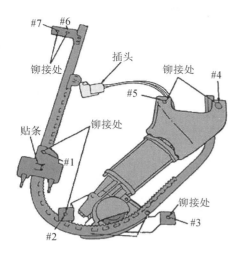

图 5-22　齿条式电动车窗升降器

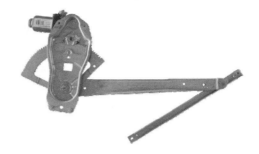

图 5-23　齿扇式电动车窗升降器

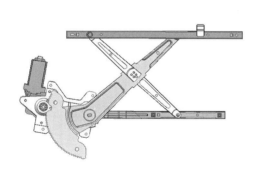

图 5-24　交臂式电动车窗升降器

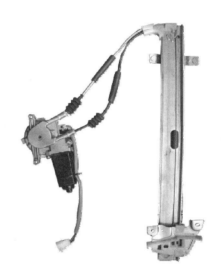

图 5-25　钢丝滚筒绳式电动车窗升降器

二、车窗升降器的拆装

(1) 先根据维修手册规范流程来拆卸前侧门车窗。

(2) 然后找到升降器在车门上的固定螺栓(见图 5-26)，进行拆卸。

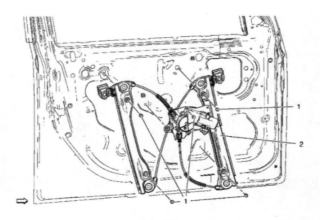

图 5-26　拆卸车窗升降器螺栓

(3)　接着拔下升降器的连接插头。

(4)　最后拆除升降器总成。

车窗升降器的安装步骤与车窗升降器的拆卸步骤相反。

任务五　车门的拆装

学习目标

(1)　了解车门的功能结构。

(2)　能够按照企业作业流程拆卸、安装、调整车门。

(3)　清楚更换车门时应遵循的注意事项。

(4)　培养与车身部件拆装相关的职业素养。

(5)　能够初步掌握常用拆装工具的使用技能。

一、汽车车门的认识

车门是驾驶员和乘坐人员进出车的通道，并隔绝车外干扰，在一定程度上减轻了侧面撞击，能够保护乘员。此外，汽车的美观也与车门的造型有关。车门的好坏主要体现在车门的防撞性能、车门的密封性能、车门的开合便利性，当然还有其他使用功能等。防撞性能尤为重要，因为车辆发生侧碰时，缓冲距离很短，很容易伤到车内人员。

车门按其开启方式可分为以下几种。

1. 顺开式车门

顺开式车门在汽车行驶时仍可借气流的压力关上，比较安全，而且便于驾驶员倒车时向后观察，故被广泛采用，如图 5-27 所示。

2. 逆开式车门

逆开式车门在汽车行驶时若关闭不严，就可能被迎面的气流冲开，因此用得较少，一般只是为了改善上、下车方便性及适于迎宾礼仪需要的情况下采用，如图 5-28 所示。

图 5-27　顺开式车门　　　　　　　　　　图 5-28　逆开式车门

3. 水平移动式车门

水平移动式车门的优点是车身侧壁与障碍物距离较小的情况下仍能全部开启，如图 5-29 所示。

4. 上掀式车门

上掀式车门普遍用作轿车及轻型客车的后门，偶尔也应用于低矮的汽车，如图 5-30 所示。

图 5-29　水平移动式车门　　　　　　　　图 5-30　上掀式车门

5. 折叠式车门

折叠式车门广泛应用于大中型客车上，如图 5-31 所示。

图 5-31　折叠式车门

车门按其生产工艺可分为以下几种。

1. 整体式车门

内、外板由整块钢板冲压后包边而成，该生产方式的初期模具投入成本较大，但可相应降低相关检具夹具的成本，材料利用率较低，如图 5-32 所示。

2. 分体式车门

分体式车门由车门框总成和车门内、外板总成拼焊而成，门框总成可采用滚压方式生产，成本较低，生产率较高，整体相应模具成本较低，但后期的检具夹具成本较高，且工艺可靠性较差，如图 5-33 所示。

图 5-32　整体式车门

图 5-33　分体式车门

整体式车门和分体式车门在整体成本方面相差不是很大，主要是根据相关的造型要求来确定结构形式。目前汽车造型的标准较高，且生产效率要求也较高，因此，车门整体结构趋向于分体式。

二、车门的拆装

车门的拆装步骤如下。

(1) 根据维修手册规范流程拆卸前车门装饰件(见图 5-34)。

(2) 更换前车门挡水板。

(3) 断开电气连接器。

(4) 拆卸前车门限位连杆 1 个螺栓，如图 5-35 所示。

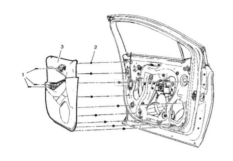

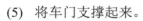

图 5-34 拆卸前车门装饰件

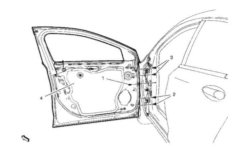

图 5-35 拆卸前车门连接螺栓

(5) 将车门支撑起来。

(6) 拆卸前车门铰链 4 个螺栓。

(7) 在技师的帮助下拆下车门。

车门的安装步骤与车门的拆卸步骤相反。

职业素养提升

1. 传承"持之以恒、精益求精"的工匠精神

虽然后视镜和车门的拆装步骤不是很复杂，但也需要持之以恒地练习，如此才能保证后视镜与车门拆装完好无损。后视镜与车门更换后，车辆行驶的性能早期看不出来，但是时间长了就会慢慢体现出来，要求从业人员具备精益求精的职业素养。

2. 激发爱国热情，坚定文化自信

通过横向、纵向对比中外整形机的性能，充分反映出我国制造业实力的飞速进步，从而激发学生的爱国热情，坚定文化自信。

课后练习题

一、选择题

1. 关于玻璃升降器，错误的说法是(   )。

    A. 玻璃升降器可以是手动的，也可以是电动的

    B. 玻璃升降器可以使用一个或两个升降臂

    C. 手动的和电动的玻璃升降器的升降原理不一样

2. 拆卸车门内饰板时，正确的操作是(   )。

A. 用螺丝刀撬开塑料卡扣

B. 用塑料翘板在两个卡扣之间撬动

C. 用塑料翘板在卡扣头部撬动

3. 车门升降玻璃安装在夹框上，夹框安装在升降导轨上不能用(　　)。

    A. 粘接固定   B. 焊接固定   C. 铆钉固定   D. 螺栓固定

4. 下列(　　)不是车门总成的构成件。

    A. 门框   B. 车门本体   C. 后视镜   D. 内外装饰件

5. 下列(　　)车门应用较为普遍。

    A. 旋转式   B. 推拉式   C. 飞翼式   D. 折叠式

二、判断题

1. 常用的轿车车门的两种基本类型是包框车门和硬顶车门。   (　　)

2. 车门与车身的间隙不均匀表示车门板件的结构有损坏。   (　　)

3. 车门经常会出现下垂的问题，通常是铰销严重磨损造成的。   (　　)

4. 车门内饰板一般用塑料卡扣和螺钉来固定。   (　　)

5. 车门维修与更换的重点要放在车门与门框的配合间隙和铰链的调整。   (　　)

项目六
钢板、铝合金板修复

任务一　车门板损伤评估

学习目标

(1) 了解金属板件损伤的类型。

(2) 掌握判断损伤范围的方法。

(3) 能够正确评估金属板件的损伤程度。

钢板损伤评估

一、金属板件的损伤类型

车身碰撞后的损伤可以分为直接损伤和间接损伤两种类型，这两种类型的损伤要采用不同的修理方式。对于板件和构件的具体损伤状况，根据其结构形式和加强形式，又有单纯铰折、凹陷铰折、凹陷卷曲和单纯卷曲等 4 种类型，这 4 种类型需要分别采取不同的修复方法。

1. 单纯铰折

"单纯铰折"这个概念很容易理解。它的弯曲过程就像一个铰链，沿着其整个长度均匀地弯曲，如图 6-1 所示。从图中可以看出，发生这种变形时，金属上部的表面因受到拉力而产生拉伸变形，而下部的表面被推到一起而产生收缩变形。由于上部受到拉伸且下部受到压缩，很显然，金属的中间有一个未发生变形的区域。运用正确的修理方法可以矫正金属的变形，铰折处也可以得到恢复。如果修理方法不正确，会对邻近的区域和折损处造成新的损坏。单纯的铰折总是形成一条"直线"形的折损。

修复单纯铰折的正确方法是沿造成铰折碰撞力的相反方向施加拉力将铰折大致展平，在保持拉力的情况下再在铰折部位加工硬化区域，沿铰折线用手锤和顶铁做轻敲整形，如图 6-2 所示。

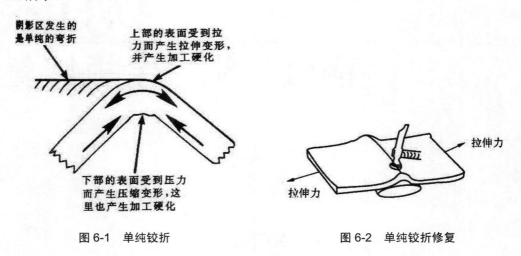

图 6-1　单纯铰折　　　　　　　　图 6-2　单纯铰折修复

2. 凹陷铰折

箱形截面上发生弯曲的规律与实心的金属相同，但是两者弯曲的结果有一些不同之处。因为箱形截面的中心线上没有强度，所以顶部的金属板主要被向下拉而不是受到拉伸。底部的金属板受到两边的挤压而向中间空心部位凹陷，两侧的金属板被向外挤出形成两个"尖"状的凸起，如图 6-3 所示。这种铰折形式称为"凹陷铰折"。

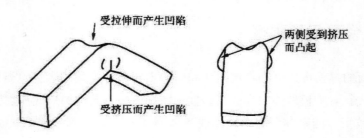

图 6-3　箱形截面的凹陷铰折

当由破坏力或冲击力造成的单纯铰折发生扩展，并通过带有加强翻边、边缝、褶皱及箱形截面的车身板件时，导致板件弯曲、折损、凹陷，使整个板件长度尺寸变小，就会形成凹陷铰折。在整体式汽车的车身上，有许多结构复杂的箱形截面构件，其中包括箱形结构梁、车门槛板、风窗支柱、中心立柱、车顶梁等。

对凹陷铰折进行矫正时，情况要比单纯铰折复杂得多，单纯铰折只是矫正单一的钢板，而凹陷铰折需要同时矫正上、下、左、右 4 个方向的钢板，任何地方的操作不当都有可能造成构件的损坏，使修理工作失败。在矫正凹陷铰折时不能单纯地施加反向拉力，更不能简单地反向弯曲，因为只有上部被拉向中心空心区域的金属板受到的损伤最小，其他 3 个方向的金属板都有不同程度的压缩，以图 6-4(a)所示的金属板压缩最为严重。

当箱形截面发生凹陷铰折需要矫正时，必须采用加热的方法并伴随拉伸操作，只有用手锤对两侧金属受压凸起的部位进行敲击复位的方法，才能使其恢复，如图 6-4 所示。

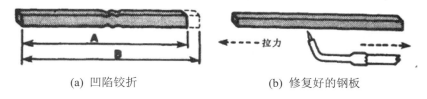

(a) 凹陷铰折　　　　　　　　　　(b) 修复好的钢板

图 6-4　凹陷铰折的修复

3. 凹陷卷曲

当车身板件受到碰撞力产生的折损穿过隆起加强的板件表面时，所发生的折损与前面所述的两种类型又有不同。因为折损贯穿的是弧形的表面，所以产生的变形与凹陷铰折有类似的地方，都是顶面的金属被向下拉产生凹陷，但是因为隆起加强的表面是弧形的，随着折损的扩展，弧面对折损的可抗随之增强，于是在折损的两端尽头出现了非常严重的挤压变形，形成两个箭头样的损伤形状，箭头的尖端和两侧受到挤压而隆起并向下翻卷，箭头的下面受到拉伸而凹陷产生向上的翻卷，这种折损称为"凹陷卷曲"，如图 6-5 所示。

如图中受损部位为车身的前翼子板，属于车身覆盖件的范畴，在不拆解的情况下，在原车上修理，可采用整形修复机，对受损区域进行拉拔作业，但不可形成"高点"，后期进行原子灰的刮涂，使其恢复至原来的曲线弧度，再进行喷涂作业。也可将受损的前翼子板拆下，进行"精修"，配合手工工具与打磨工具进行修复，达到"无腻子修复"的效果，做好防锈后，可直接喷涂。上述两种方法都需要对受损区域进行打磨，目前大多数汽修厂在钣金作业时，采用角磨机进行打磨，建议采用带有橡胶磨盘的 6 孔打磨机，减小对钢板的伤害。如果条件允许，在保险公司与车主同意后，直接更换新的前翼子板，需要注意的是新件需要重新喷漆至原有车身色。

4. 单纯卷曲

发生凹陷卷曲时，在凹陷部位边界处发生的折损，与凹陷卷曲形成一个箭头形状，这就是单纯卷曲，箭头的尖端挤压最为严重，具有很强的加工硬化程度，两边形成箭头形状的隆起部分是受到压缩力和中间塑性变形的桎梏而形成的弹性卷曲变形，中间尖端部位的塑性变形消失后多半可以很好地回弹，如图 6-6 所示。

图 6-5　凹陷卷曲

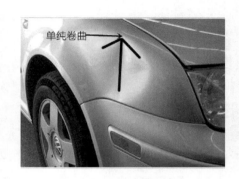

图 6-6　单纯卷曲

此种受损情况修复的难点在于对加工硬化区域的处理，在修复时，可采用"正位敲击法"，即俗称的"实敲"，需要垫铁和精修锤的良好配合，消除加工硬化后，可将凹陷区域用垫铁的背部，即带有弧度的一侧，从受损覆盖件的背部向外拍，但需要注意的是，修复后的板件是否有弹性形变，可用大拇指对修复区域进行按压，如果产生弹性形变，需要对修复区域进行"收火"作业，后续的工作就交给喷涂作业的师傅们。

板件损伤后，一般用"压缩"和"拉伸"来形容金属受损以后的状况，这些状况也可用高点和低点来描述。任何损坏发生以前，金属内部都已存在压缩和拉伸，所有的拱形都受到压缩。

然而，这里的压缩并不是指发生损坏时产生的力，而是指金属被挤压的部位受到一个新产生压力的作用。该压力通过加工硬化被保留下来。如果该压力突然消失，则金属将恢复它原来的形状，通常各种金属板的拱起程度会有所不同，拱形很高的金属板称为高拱形，接近平坦的金属板称为低拱形。当低拱形的金属板受损时，金属被拉入损坏的中心部位。这个拉力使金属板低于它原来的高度，低于正常高度的损坏区称为拉伸区；相反，金属板上任何超出原高度的损坏区都称为压缩区。图 6-7 所示为受损钢板截面上的拉伸区与压缩区。

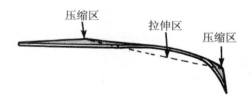

图 6-7　拉伸区与压缩区

二、车门面板损伤范围的评估

开始维修前，需判断损伤范围进而决定维修方法。一般判断损伤范围的方法有以下四种。

1. 目视判断

利用钢板上折射的光线来判断损伤范围和变形的程度，判断方法如图 6-8 所示。在此阶段，检测操作区域和周围的零件是非常重要的，因为一旦实施修理，将很难判断正确的损伤区域。

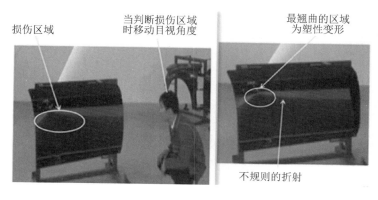

图 6-8 目视判断

2. 用手触摸判断

从各个方向触摸损伤区域，不要在你的手上施加任何力量，并且专心关注手的感觉。为了能够正确地判断小的凹陷，手必须覆盖大的范围，也包括未受损的区域。判断方法如图 6-9 所示。

图 6-9 用手触摸判断

3. 用直尺判断

先将直尺置于未受损的钢板面，检测直尺与钢板面的间隙；再将直尺置于受损的区域，以判断受损区域与未受损区域间隙的差异，如图 6-10 所示。与其他方法相比，该方法更能定量地判断损伤区域的损伤程度。

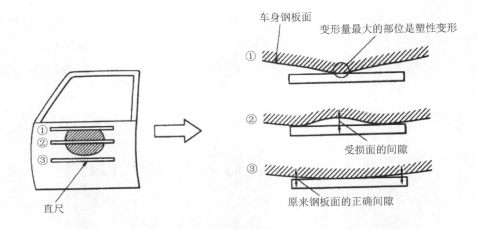

图 6-10　用直尺判断

4. 按压判断

检查强度，保证钢板的强度一致。用大拇指按压，力度大小为指尖变白即可，检查整个钢板的强度，对比受损处钢板与未受损处钢板的强度变化。

任务二　钢制车门面板变形修复

学习目标

(1) 熟悉拉拔法修复钢板的原理与方法。

(2) 熟悉钢板收缩的原理和方法。

(3) 熟悉钢质车门面板修理的流程和方法。

(4) 能够用拉拔法修复钢板。

钢制车门面板
修复

车门面板简单
变形修复实操

钢制车门面板
手工具修复

一、拉拔法修复

1. 拉拔法的原理

现代车身的结构日趋复杂，许多车身板由于受到焊接在一起的内部板件和车窗等结构的限制而难以触及它们的内部；或是因为损伤比较轻微且只局限于金属外板，内板没有损坏，如果拆卸内板或拆卸相关构件，无形中加大了车身维修的工作量，生产效率极大降低。因此，车身维修中还使用另一种方法用于上述情况，即将凹陷的金属用拉拔的方法抬高，拉拔的同时用钣金锤对高点进行敲击，如图 6-11 所示。

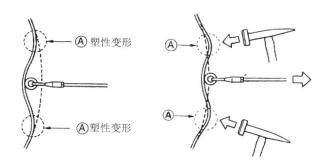

图 6-11 拉拔法修复钢板的原理

2. 钣金整形机焊接作业

钣金整形机为电阻焊的一种，其原理是利用夹在电极上的垫圈和钢板接触，再通以大电流，使其产生电阻热而将垫圈焊接于钢板上。图 6-12 所示的回路中，电阻最大的位于垫圈和钢板的接触部位。当电流通过电阻最大部位时，高电阻消耗电能产生高热能。现在许多车身维修设备制造商制造了多功能的车身整形机，俗称介子机，集焊接介子(拉拔用的介质)、拉拔操作、单面点焊和电加热缩火等功能于一体，给车身的整形带来了方便。介子机可以焊接的拉拔介子有很多，常用的有普通垫圈、三角垫片、小螺钉和销钉，可以根据惯性锤的头部结构更换。

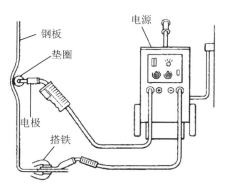

图 6-12 钣金整形机

3. 拉拔方法的种类

钣金整形机焊接作业中的拉拔方法有四种，如表 6-1 所示。

表 6-1 拉拔方法

方 法	说 明	图 例
使用手拉拔器拉拔	先使用手拉拔器拉拔焊接垫圈，然后用手锤敲击钢板凸起部位。此种方法适用于修理小的凹陷部位	
使用滑动锤拉拔	利用滑动锤的冲击力拉出焊接的垫圈来修理凹陷部位。此种方法适用于粗拉拔和在钢板强度高的部位修理凹陷	
使用拉塔拉拔	此种方法适用于修理大的凹陷，将众多的垫圈焊接于钢板上，并且用较大的力量将垫圈一起拉出。此外，链条能够维持拉拔的力量，所以修理人员的双手能够空出来去进行其他作业，如敲击作业	
使用三角片拉锤进行拉拔	此种工具为钣金整形修复机的一部分，俗称"整形枪"，在整形枪的前端有三角形垫片，为电极头，用内六角螺钉固定，通电后，可焊接于钢板上，并将钢板拉出。使用此工具时，需要将整形机的搭铁端固定在所修板件，在维修时，三角垫片、搭铁端、所修板件构成一个完整回路。	

二、钢板的缩火

当金属因受到碰撞而严重损坏时，严重折损处通常会受到拉伸。同样的部位在矫正过程中也会受到轻微的拉伸。直接损坏部位的隆起处、凹槽处和折损处的金属容易受到拉伸。当金属板上存在拉伸区时，一定要将拉伸区矫正恢复原来的形状。金属上的某一处受到拉伸以后，金属的晶粒将互相远离，金属板变薄并产生加工硬化。可以采用收缩的方法将金属分子拉回到其原来的位置，使金属恢复到应有的形状和厚度。收缩的目的是移动受拉伸的金属，但不影响周围未受损伤的弹性金属。进行任何收缩以前，必须尽量将损坏部位矫正回原来的形状。然后，车身修理人员才可以准确地判断出损坏的部位是否存在受到拉伸的金属。如果存在，就要进行收缩。

1. 缩火原理

热法收缩适合膨胀程度大、拉紧状态严重的变形。热收缩的原理如图 6-13 所示。加热时，钢棒试图膨胀，但是由于它的两端都无法膨胀，在钢棒内部便产生了一个很大的压力载荷；当温度进一步升高时，钢棒达到炽热状态并开始变软，压力载荷集中在炽热部位并随着炽热部位直径的增大而释放；如果钢棒被骤然冷却，便会产生收缩。同时，由于炽热部位直径增大，钢棒的长度因此缩短。

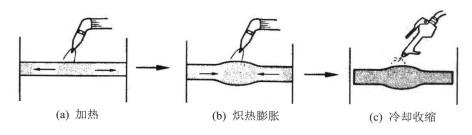

(a) 加热　　　　　　　　(b) 炽热膨胀　　　　　　　(c) 冷却收缩

图 6-13　热收缩的原理

2. 钣金整形机缩火作业

电加热收火是整形机的常用功能之一，其工作原理也是利用导电介质与钢板接触时产生的电阻热来加热钢板的。电加热采用的导电介质有铜极和碳棒两种，如图 6-14 所示，铜极有一个圆球头，端部接触面积较小，直径通常为 5～8mm，适合于较小的点的收缩操作；碳棒的直径以 8～10mm 居多，使用时需要将端部磨削成较尖锐的圆头，在钢板上画圆来控制加热的面积。两种导电介质的导电性能都很优良，产生的电阻热都集中在钢板上，加热集中且快速，收缩效果良好。更主要的是，这两种介质都不会因为与钢板发生接触而粘连。

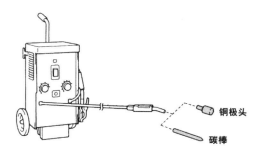

铜极头

碳棒

图 6-14　钣金整形机

3. 缩火作业的方法

缩火作业的方法，如表6-2所示。

表6-2 缩火作业的方法

缩火作业	点缩火	连续缩火
电极头	铜棒	碳棒
特性	(1) 以单点方式收缩损伤区域； (2) 虽然点缩火的覆盖区域较小，但可移动电极头至需要缩火的部位，做多点缩火	(1) 以螺旋方式收缩损伤区域； (2) 此种作业可同时加热或冷却较大的区域
外观		

三、使用整形机维修车门面板

1. 安全防护

垫圈焊接和缩火作业修复钢板的安全防护用品如表6-3所示。

表6-3 垫圈焊接和缩火作业修复钢板的安全防护用品

作　业	垫圈焊接和缩火作业修复钢板	
防护用品	工作帽 护目镜 口罩 工作服 皮手套 安全鞋	

2. 判断损伤范围

开始维修车门面板前，判断损伤范围并选择维修方法。采用多种方法来判断损伤范围，并用记号笔圈出受损部位，如图 6-15 所示。

图 6-15　损伤范围判断

3. 清除旧漆膜

将黑金刚打磨片贴在受损部位的钢板上连续研磨，且研磨宽度不小于 10mm，打磨搭铁部位的漆膜，搭铁连接位置应不妨碍钢板的维修，如图 6-16 所示。

图 6-16　打磨漆膜

4. 设定整形机

先打开整形机开关，选择介子机的焊接模式，然后选择合适的焊接电流和焊接时间。将圆片夹头安装到焊枪上，并焊接搭铁圆垫片，左右晃动第一个圆垫片，判断试焊效果，然后根据试焊效果来调节焊接电流和焊接时间，如图 6-17 所示。

图 6-17　设定整形机

5. 连接搭铁

首先焊接剩余搭铁圆垫片，并保障圆垫片的强度足以承受搭铁重量；然后安装搭铁组件，并用扳手拧紧搭铁螺母，如图 6-18 所示。

图 6-18　连接搭铁

6. 使用具有焊接极头的滑锤拉拔

拆下焊枪上的圆片夹头，将带有三角垫片极头的滑锤安装到焊枪上。安装使用滑锤时，手部需抓住拉锤部位，并注意安全。调整整形机的焊接模式，选择合适的焊接电流和焊接时间。

将三角垫片的尖部抵在钢板塑性变形最深处开始焊接，如图 6-19 所示，焊接时使三角垫片与未受损钢板表面呈垂直角度，适当按压三角垫片，完成焊接后使用滑锤拉拔，要控制拉拔的力度和角度，避免过度拉拔。当一个部位维修结束时，便转动三角拉锤，从而拆下三角垫片，以使钢板不发生变形或穿孔，如果弯曲三角垫片将其拆下，可能会导致钢板变形或穿孔。

图 6-19　焊接

通过目视与用手触摸按压来检查维修状况，切换三角垫片的焊接位置，继续进行拉拔维修。对存在内应力的部位，保持滑锤的拉力，用钣金锤从受损部位的较高位置向较低位置进行敲击，消除内应力，如图 6-20 所示。维修过程中不断通过目视和用手触摸按压来进行检查，用钣金锤敲击受损部位的凸点，使维修表面更加平滑；从上到下平行移动直尺来检查钢板的维修质量，如图 6-21 所示。

图 6-20 消除内应力

图 6-21 检查维修质量

7. 打磨焊接痕迹

焊接结束后，需打磨清除焊接痕迹。打磨时需要上下或左右连贯打磨，用手触摸检查钢板表面焊点的打磨情况，观测检查钢板表面焊点的打磨情况，如图 6-22 所示，若钢板存在高点或者延展，则需要进行缩火作业。

图 6-22 打磨焊接痕迹

8. 钢板缩火

1）判定钢板延展区域

通常钢板延展会引起局部的凸起，凸起的面积等于钢板延展的面积。可以使用手指按压和直尺测量来判断延展区域，如图 6-23 所示。

2）检查极头

如果电极头脏污或受损，则不能完全使钢板加热和平顺地移动极头，所以当发现极头有脏污或凹痕时，必须用砂纸清洁极头。

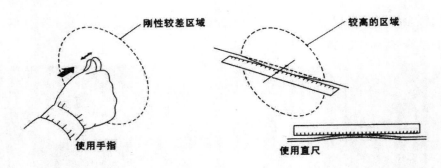

图 6-23　判断钢板延展区域的方法

3)　缩火

首先，尝试点缩火，使用电极头对准最高点并轻轻地压下，使钢板轻微变形。其次，按下开关，这时钢板会产生反作用力，此时要将电极头以一定的力量靠住钢板面 1～2 秒。最后，使用空气枪迅速地冷却缩火区域，冷却的时间保持 5～6 秒。

如果延展(松弛)区域较大应使用连续缩火。安装好碳棒极头，略微倾斜，并轻轻地接触钢板面，按下开关，极头逐渐红热，以直径 20mm 的间距将极头由外侧往内侧以螺旋方向运行，松开开关，并将极头从钢板面移开，使用空气枪迅速地冷却缩火区域，如图 6-24所示。

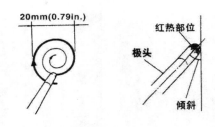

图 6-24　缩火作业

4)　检查钢板刚性

钢板冷却完毕后，检查钢板刚性。假如钢板仍没有刚性，则寻找另一个凸出的点，并且重复缩火作业。

5)　磨除缩火痕迹

缩火作业完成后，需使用打磨机和 80 号砂纸，研磨表面，去除易使钢板生锈的缩火痕迹。

9. 防锈处理

实施垫圈焊接作业或钢板缩火作业时会产生热量，进而影响钢板背面的漆层，容易导致生锈的情形，因此必须在钢板背面喷涂防锈剂。此外，使用锤子和手顶铁进行维修时，也可能会使钢板背面漆层龟裂或脱落，因此也需要在钢板背面进行防锈处理，如图 6-25 所示。

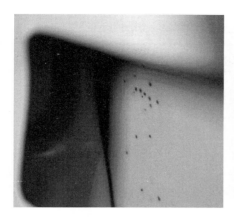 

图 6-25　防锈处理

四、车身线维修

当损伤直接发生在车身线(筋线)部位时，因此此部位刚性较强，所以要先修理此部位的变形，再修理其他部位的变形，如图 6-26 所示。当损伤部位不是直接位于车身线上，而是位于旁边的凸面或平坦面时，车身线可能会因撞击产生移位，在这种情况下，应先修理损伤最严重的凸面或者平坦面，因为这部分是较尖锐的塑性变形区域。

车门面板筋线
变形修复实操

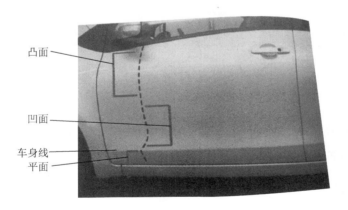

凸面

凹面

车身线
平面

图 6-26　车身线

1. 安全防护

垫圈焊接和缩火作业修复钢板的安全防护用品如表 6-4 所示。

表 6-4 垫圈焊接和缩火作业修复钢板的安全防护用品

作　业	垫圈焊接和缩火作业修复钢板	
防护用品	工作帽 护目镜 口罩 工作服 皮手套 安全鞋	

2. 判断损伤范围

开始维修前，判断损伤范围并选择维修方法。采用多种方法来判断损伤范围，如图 6-27 所示。

图 6-27 损伤范围判断

3. 清除旧漆膜

将黑金刚打磨片贴在受损部位的钢板上连续研磨，且研磨宽度不小于 10mm，打磨搭铁部位的漆膜，搭铁连接位置应不妨碍钢板的维修。

4. 设定整形机

先打开整形机开关，选择介子机的焊接模式，然后选择合适的焊接电流和焊接时间。将圆片夹头安装到焊枪上，并焊接搭铁圆垫片，左右晃动第一个圆垫片，判断试焊效果，然后根据试焊效果来调节焊接电流和焊接时间。

5. 连接搭铁

首先焊接剩余搭铁圆垫片，并保障圆垫片的强度足以承受搭铁重量；然后安装搭铁组件，并用扳手拧紧搭铁螺母。

6. 焊接圆环垫片

从变形最深处向两侧呈直线焊接垫片，焊接时垫片与受损表面垂直，并适当用力按压，垫片中心孔尽量同心，相邻垫圈间隔 8～10mm，如图 6-28 所示。

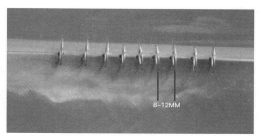

图 6-28　焊接圆环垫片

7. 拉拔维修

用过渡杆将圆垫圈贯穿起来，用钩拉锤拉拔过渡杆，需要注意的是，用力方向与表面垂直，要注意拉拔的力度和角度，防止过度拉拔。拉拔一次后，根据效果适当补焊圆垫圈，再使用手轮拉拔器进行微拉拔修复，目视检查直至合适位置，如图 6-29 所示。必要时，使用橡胶锤从受损部位较高位置向较低位置敲击维修，使变形区域平坦，消除内应力，并检查维修质量。

图 6-29　拉拔维修

8. 打磨焊接痕迹

焊接结束后，需打磨清除焊接痕迹。打磨时需上下或左右连贯打磨，用手触摸检查钢板表面焊点的打磨情况，观测检查钢板表面焊点的打磨情况，若钢板存在高点或者延展则需进行缩火作业。

9. 防锈处理

实施垫圈焊接作业或钢板缩火作业时会产生热量，进而影响钢板背面的漆层，容易导致生锈的情形，因此必须在钢板背面喷涂防锈剂。此外，使用锤子和手顶铁进行维修时，也可能会使钢板背面漆层龟裂或脱落，因此也需要在钢板背面进行防锈处理。

任务三　铝合金发动机盖维修

学习目标

(1) 了解铝及其合金在车身上的应用。

(2) 了解金属铝及其合金的性能与类型。

(3) 掌握铝合金面板的修复步骤和方法。

(4) 能够维修铝合金发动机盖。

铝车身简介

一、铝合金在车身上的应用

随着汽车技术的飞速发展，汽车制造企业在汽车的结构设计、制造技术、材料选用等方面做了大量的研究工作，希望能够研发出安全可靠、节能环保的新型汽车。通常情况下，车身的自重大约会消耗 70%的燃油，所以，降低汽车油耗研究的首要问题便是如何使汽车轻型化。使汽车轻型化应首先从材料轻量化入手，这样不但可以减轻车身自重，增加装载质量，降低发动机负载，同时还可以大幅减小底盘部件所受的合力，使整车的可操控性、经济性更强。而有"轻金属"之称的铝合金材料，由于其质轻、耐磨、耐腐蚀、弹性好、刚度和强度高、抗冲击性能优、加工成型性好和再生性高等特点，成为汽车轻型化的首选材料。铝合金车身汽车也因其节能低耗、安全舒适及相对载重能力强等优点而备受关注。

铝在汽车上的使用呈逐年递增的趋势，局部或整体使用铝材的车型很多。车身所使用的铝材基本都是合金铝，通过增加、降低合金元素的配比和采用适当的热处理工艺等，使其拥有所需性能。车身的不同部位、不同构件，所使用铝材的合金成分、种类和热处理工艺也并不相同。例如，车辆的保险杠骨架、加强梁或侧防撞梁等，所使用的铝材都应具有足够的强度和韧度，发生碰撞时要有良好的吸能特性；车辆传动系统使用铝合金构件，不但具有足够的强度和韧度，同时还具备良好的导热能力。事实证明，汽车使用铝材确实取得了良好的社会效益和经济效益。

与此同时，使用铝合金车身也存在以下缺点。

(1) 若发生交通事故，铝合金车身的维修费用较高。

(2) 铝材的熔点较低、可修复性差，维修技师需要使用专用铝车身修复工具及特殊的工艺方法进行修复。

二、车身上常用的铝合金简介

用于汽车车身板的铝合金主要有 Al-Cu-Mg(2000 系列)、Al-Mg(5000 系列)、Al-Mg-Si(6000 系列)以及铝基复合材料。

1. Al-Cu- Mg(2000 系列)合金

2000 系列铝合金具有良好的锻造性、高的强度、良好的焊接性能、可热处理强化等特点，但它的抗腐蚀性比其他铝合金差。在 2000 系列铝合金中，2036 合金已广泛用于生产车身板。2036—T4 合金板广泛用于轿车车身外板，如车顶底板等。当其取代钢板时，可使外覆盖件减轻 55%～60%。

2. Al- Mg(5000 系列)铝合金

5182—0 合金板特别适合于用延展方法成型的零部件，其有好的冲压成型性能，适合于制造汽车车身内板，可以在车顶、行李箱盖、地板、空气过滤器和车门等处使用。

3. Al- Mg-Si(6000 系列)合金

6009—T4 的合金板材可成型为汽车覆盖件，成型性能与 5182—0 合金板相近它的使用部位包括车顶、行李箱盖、车门侧围板、挡泥板等。6010—T4 的成型性能与 2036—T4 相似，能提供更高的强度，它的使用部位包括车顶、行李箱盖、挡泥板等。

4. 铝基复合材料

金属基复合材料(MMC)是 20 世纪 60 年代诞生的一种材料，它是在连续的金属基体上分布着其他金属或陶瓷等增强体的一种物质。这种材料综合了基体金属和增强体的性能，因而具有单一材料难以拥有的优良性能。铝基复合材料质量轻，比强度和比模量高，抗热疲劳性能好，耐磨性好，是金属基复合材料中应用最广泛的一种。日本住友轻金属工业公司与美国雷诺尔兹铝制品公司共同开发一种代号为 SG112—T4 A 的车身铝合金复合材料板材，其硬度比普通铝板厚 1.5 倍，同时也具有良好的冲压加工性。

三、铝合金板维修

1. 设备及场地

(1) 铝车身专用气体保护焊和介子机。因为铝的熔点低，易变形，焊接要求低电流，所以必须采用专用的铝车身气体保护焊。介子机也不能像普通介子机那样去点击拉伸，只能采用专用的铝车身介子机焊接介子钉，并使用介子钉拉伸器进行拉伸。

(2) 专用的铝车身维修工具和强力铆钉枪。与传统事故车维修不同的是，修铝车身大部分采用铆接的维修方法，这就必须要有强力铆钉枪。而且修铝车身的工具一定要专用，不能与修铁材质车的工具混用。因为修完铁材质车工具上会留有铁屑，如再用来修铝车身，铁屑会嵌入铝表面，对铝造成腐蚀。

(3) 防爆集尘吸尘系统。在打磨铝车身过程中会产生很多铝粉，铝粉不但对人体有害，而且易燃易爆，所以要有防爆炸的集尘吸尘系统来及时吸收铝粉。

2. 维修铝合金板的注意事项

(1) 使用双向砂轮机或电动抛光机，并且调整转速低于 2500r/min，用 80 号或 100 号砂纸。操作时要特别小心，不仅要避免高速旋转的砂轮烧穿柔软的铝合金，还要避免打磨过程中产生的热量使铝板弯曲。所以机械打磨铝合金钣件时，只能将油漆层和底层涂料磨掉，不能磨到金属，而且打磨 2～3 遍后，要用一块湿布使金属冷却再继续操作，以降低打磨温度和防止因热量增加导致金属变形。

(2) 铝合金热传导性是普通钢板的 4 倍，因此，我们在钢板维修中使用的铜极缩火作业在铝合金板上无法实施，应用碳棒进行缩火作业。

3. 铝合金板的热收缩

在开始矫正前，先用焊炬对受损坏的铝合金板加热。但要注意的是，铝在高温下不会改变颜色，操作不当往往会因加热过度(达到 650℃以上时)熔化，因此对火焰加热的控制十分重要。可以使用加热到 120℃时能改变颜色的热敏涂料或热敏笔来观察和控制加热的温度。具体步骤如下。

(1) 磨除旧漆膜。机械打磨加工时，应特别小心操作。不仅要避免高速旋转的砂轮烧穿柔软的铝合金，还要避免打磨过程中产生的热量迅速使铝合金弯曲。进行表面打磨时要注意，只能将油漆和底层涂料磨掉，不可磨到金属。打磨 2～3 遍后，用一块湿布将金属冷却再重复操作，以降低打磨温度和防止因热量增加导致金属变形。

(2) 加热温度控制。如果铝合金加热超过 200℃，其特性将会极大增强，但同时其熔化温度仍保持在 640℃的较低水平。铝合金的另一特性是，即使其温度升高，颜色仍然保持不变，因此容易加热过度。由于上述原因，不得将温度升高到不必要的水平。

(3) 冷却。对于热收缩部位应尽量缓慢冷却，因为快速冷却、收缩会造成铝合金板变形。铝合金板修复后表面容易留下粗糙的加工痕迹，一般需要锉修使之平滑。铝合金较柔软，锉修时应使用柔性锉并轻轻施压，以免刮伤铝合金表面。

铝合金机盖
修复

四、铝合金发动机盖变形维修

1. 安全防护

铝合金板维修的安全防护用品如表 6-5 所示。

表 6-5　铝合金板维修的安全防护用品

作　业	铝合金板维修	
防护用品	工作帽 护目镜 口罩 工作服 普通手套 安全鞋	

2. 判断损伤范围

铝合金发动机盖
修复实操

反复触摸受损变形部位，用钢尺测量变形量，并综合评估受损情况，然后醒目标注受损部位，如图 6-30 所示。

图 6-30　判断损伤范围

3. 清除旧漆膜

打磨掉受损部位的漆面，需要注意的是，打磨区域应该略大于变形区域，如图 6-31 所示。在合适搭铁的位置打磨，露出金属表面，如图 6-32 所示。

图 6-31　清除旧漆膜

图 6-32　清除搭铁漆膜

4. 设定铝整形机

先调节铝整形机参数，再选择合适的电流和通电时间，如图 6-33 所示。

5. 试焊铝焊钉

用大力钳夹紧铝整形机搭铁端，并观察铝焊钉头部的点状凸起是否正常，将铝焊钉装入焊枪，进行试焊，然后观察焊接是否牢固，评估铝整形机的电流和通电时间是否合适，如图 6-34 所示。

图 6-33　设定铝整形机

图 6-34　试焊铝焊钉

6. 焊接铝焊钉

根据维修范围焊接适量焊钉到铝钣件上，如图 6-35 所示。需要注意的是，焊接时焊钉与钣件接触面要垂直，清洁后应该马上进行焊接，否则时间长了处理过的表面会被氧化，若清洁超过 2 小时就需要重新清除氧化层。在铝焊钉上逐个拧上拉环，用热烘枪加热变形区域的铝板。

图 6-35　焊接铝焊钉

7. 拉拔修复

　　首先用过渡杆穿过拉环，然后安装手轮拉拔器，接着转动拉拔器的转轮，带动拉环往上运动，使凹陷部位的金属逐渐复原。注意动作要轻柔，力量要逐渐加大，防止局部变形过大导致拉环被拉裂。拉伸前要适当加热，拉伸次数根据具体情况来确定，如图 6-36 所示。如有必要，则通过橡胶顶杆，敲击变形部位的周围，以消除内应力。

图 6-36　拉拔修复

8. 剪断铝焊钉

凹陷修复后，取下焊钉上的拉环，用斜口钳剪断铝焊钉，如图 6-37 所示。

9. 磨平焊接部位

用角磨机或锉刀把铝焊钉的根部磨平，如图 6-38 所示。

10. 质量评估

再次用钢尺检测变形部位，并评估修复质量，如图 6-39 所示。

图 6-37　取下拉环，剪断铝焊钉

图 6-38　磨平焊接部位

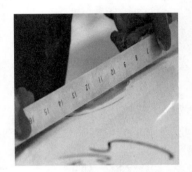

图 6-39　质量评估

任务四　免油漆修复

学习目标

(1)　了解免油漆修复的适用范围。

(2)　了解免油漆修复的类型。

(3)　掌握粘接法免油漆修复的工艺流程。

(4)　能够免油漆修复车门面板。

车身免油漆修复

一、免油漆修复概述

车身微小凹陷的免油漆修复作业是针对车身覆盖件受到外力碰撞后形成的较小凹陷，形似人体面部的酒窝，如图 6-40 所示，在合理的钣金修复后，可以免去喷涂作业的钣金工艺，也称作无痕修复。

1. 免油漆修复方法

一般常用的免油漆修复方法有粘接法和微钣金修复法。粘接法是用粘接的方法把塑料吸盘粘接在变形的部位，然后在变形区域进行拉伸矫正，最后通过溶剂把黏合剂去掉，变形区域被修复但是表层的油漆不会受到损伤。微钣金修复法是用钣金翘镐深入板件凹痕的后面，在板件后面找到凹痕部位进行轻柔的顶压，实现对微小凹痕的修复。

2. 免油漆修复的工具

粘接法修复的工具主要包括加热枪、胶棒、塑料吸盘、除胶剂、拉拔器、橡胶锤、日光灯等，如图 6-41 所示。

图 6-40　免油漆修复适用的凹陷

图 6-41　粘接法修复的工具

3. 免油漆修复的注意事项

(1) 维修技师必须掌握使用锤子和销子对车身表面进行平整的要领和手法。

(2) 钣金受损区域只能是简单凹陷，没有折痕和皱纹。

(3) 钣金表面应保持清洁，以便于修复作业，板件表面的温度在 20℃ 左右。

(4) 维修场地光线良好，可以很好地观察受损区域。

二、免油漆修复车门面板

1. 安全防护

免油漆修复的安全防护用品如表 6-6 所示。

免油漆修复
实操

表 6-6　免油漆修复的安全防护用品

作　业	免油漆修复	
防护用品	工作帽 护目镜 口罩 工作服 普通手套 安全鞋	

2. 检查损伤部位

首先使用清洁剂清洗车门损伤表面，然后初步检查变形部位，以判断是否适用免油漆修复，如图 6-42 所示。用日光灯照射车门板，并调整光线位置，找到光线集中的发散部位，准确定位凹陷位置，如图 6-43 所示。

图 6-42　初步检查变形部位　　　　　图 6-43　准确定位凹陷位置

3. 加热胶棒

首先将加热枪的电源接通，然后将胶棒插到胶水枪里，接着等待 3 分钟左右，直到胶棒的胶被加热变成液体状后才能使用。

4. 粘接塑料吸盘

选择大小合适的塑料吸盘，吸盘直径与变形凹陷的直径相似，吸盘要准确地粘接在变形部位的中心，并把胶均匀地涂到吸盘上，而且胶的表面不能超过碰撞变形部位的直径，如图 6-44 所示。将吸盘粘到凹陷位置，胶的厚度必须填平变形的凹陷部位，如图 6-45 所示。

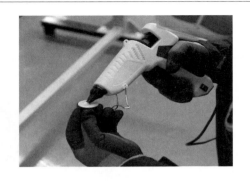

图 6-44　在塑料吸盘上涂胶

图 6-45　将吸盘粘到凹陷位置

5. 等待胶体固化

在凹陷位置粘接好塑料吸盘后，要等待 3 分钟左右，以使胶硬化成固体。如果室温较高，胶水固化的过程会变慢；如果室温较低，胶水固化的过程则会很快。如有需要也可以吹气冷却。

6. 拉拔修复

首先用拉拔锤套在塑料吸盘头部，拉拔几次，然后反复触摸凹陷的周围表面，并评估修复程度，如图 6-46 所示。必要时，用橡胶顶杆敲击凹陷周围，以消除内应力，如图 6-47 所示。

图 6-46　拉拔修复

图 6-47　消除内应力

7. 分离塑料吸盘

拉拔修复完成后，在塑料吸盘边缘喷洒除胶剂，如图 6-48 所示，然后使用塑料刮刀分离塑料吸盘，并用刮刀去除凹陷部位的胶。

8. 再次拉拔修复

分离塑料除吸盘后观察凹陷，如果凹陷部位已经明显变小，且还没有完全复原，可以再次粘接吸盘进行拉拔修复。

9. 检测修复质量

用日光灯照射原来的凹陷部位，灯光呈一条直线，若没有发散，说明凹陷已经完全修复，如图 6-49 所示。

图 6-48　喷洒除胶剂　　　　　　　　　　　　图 6-49　检测修复质量

职业素养提升

1. 传承"持之以恒、精益求精"的工匠精神

损伤评估中的目视判断法和触摸判断法说起来简单，但只有持之以恒地练习才能准确判断出故障范围。焊接电流和通电时间对修复后钢板质量的影响短期看不出来，但是时间长了就会慢慢体现出来，要求从业人员具备精益求精的职业素养。

2. 激发爱国热情，坚定文化自信

通过横向、纵向对比中外整形机的性能，充分反映我国制造业实力的飞速进步，从而激发学生爱国热情，坚定文化自信。

课后练习题

一、选择题

1. 汽车用钢板的厚度：车身外部板件常使用(　　)，车架等车身结构件多使用(　　)的板材。某些重型车辆的车架使用厚度达(　　)的钢板。

　　　A. 0.5～1.2mm　　　　　　B. 2～5mm　　　　　　C. 8mm

2. 车身使用的钢板根据制造方法可以分为(　　)和(　　)。

　　　A. 冷轧钢板　　　　　　B. 热轧钢板　　　　　　C. 锻压钢板

3. 车身碰撞后的损伤可以分为(　　)和(　　)。

  A. 直接损伤　　　　　　B. 间接损伤　　　　　　C. 中间损伤

4. 在一辆碰撞受损的汽车上，大部分车身金属板件的拉延是发生在(　　　)。

  A. 直接损伤区　　　　　B. 间接损伤区

5. 间接损伤中折损主要分为(　　)、(　　)、(　　)、(　　)四种。

  A. 单纯铰折　　　　　　B. 凹陷铰折　　　　C. 单纯卷曲　　　　　D. 凹陷卷曲

6. 车身免喷漆修复一般针对(　　)、(　　)。

  A. 车身没有掉漆　　　　B. 凹陷深度不大　　　　　C. 凹陷深度较深

7. 免喷漆修复用到的主要工具材料有(　　)

  A. 胶棒　　　　　　　　B. 加热枪　　　　C. 塑料吸盘　　　　　D. 除胶剂

8. 应初步检查(　　)，判断是否适用免油漆修复。

  A. 变形区域　　　　　　B. 未受损部位

9. 用日光灯照射，找到(　　)准确找到凹陷位置。

  A. 光线最亮位置　　　B. 光线集中发散位置　　　　　C. 光线最暗处

10. 使用(　　)敲击凹陷周围，以消除内应力。

  A. 橡胶顶杆　　　　　B. 橡胶锤　　　　　　　　　C. 木锤

二、判断题

1. 对铝合金板的热收缩部位应尽量快速冷却。　　　　　　　　　　　　(　　)

2. 使用加热到120°的热敏涂料或热敏笔来观察和控制加热的温度。　　(　　)

3. 铝合金在加热时，温度不要超过其熔点650℃。　　　　　　　　　　(　　)

4. 铝合金热传导性是普通钢板的5倍。　　　　　　　　　　　　　　　(　　)

5. 敲击修理前，须彻底清洁手锤和顶铁表面。　　　　　　　　　　　　(　　)

项目七
车身塑料件修复

任务一　塑料件修复基础

学习目标

(1) 熟悉塑料在车身中的应用。

(2) 能够掌握塑料的鉴别方法。

(3) 掌握塑料件的修理方法。

(4) 掌握塑料件修理的原理和所用设备。

塑料件的修理

一、塑料的鉴别

在决定采用什么修理方法修理塑料前，先鉴定塑料的种类至关重要，否则修理可能会失败。不同品牌的汽车在同一部位使用的塑料也不同，即使品牌相同不同年代生产的汽车使用的塑料也会不同，因此推荐使用下面的鉴别方法来鉴定塑料的种类。

(1) 查看塑料件上的 ISO 识别码，并与说明书或维修手册的字符进行对照，以确定塑料的种类。ISO 识别码一般模压在塑料件的背面。

(2) 如果塑料件上没有 ISO 识别码，就参考制造厂提供的塑料指南或查阅相应车型的维修手册，这些手册通常每年都会修订，因此需注意其出版年月。

(3) 试焊鉴别法。此法只适用于热塑性塑料。采用几种不同的塑料焊条，在零件的损坏或隐蔽处进行试焊。如果焊条能与塑料件焊合，则塑料的类型与焊条相同。

(4) 燃烧法或烟测法。不同塑料的燃烧特性不同，而且有的塑料燃烧时还会释放特殊的气味。但这种鉴别塑料的方法通常不提倡使用，因为既不安全又污染环境。几种通用塑料的燃烧特性如表 7-1 所示。

表 7-1　几种通用塑料的燃烧特性

塑料名称	燃烧特性
聚丙烯(PP)	燃烧时无烟产生，即使火源移开仍继续燃烧，产生类似蜡烛燃烧时释放的气味，焰心呈蓝色，外焰呈黄色
聚乙烯(PE)	燃烧时有无烟的火焰，即使火源移开仍继续燃烧，产生类似蜡烛燃烧时释放的气味，焰心呈蓝色，外焰呈黄色
ABS	燃烧时产生浓重的烟，即使火源移开仍继续燃烧，火焰呈橘黄色
聚氯乙烯(PVC)	试图点燃时，只是发黑且不燃烧，产生灰烟及酸味，火焰底部呈蓝色
热塑性聚氨酯(TPU)	燃烧时产生"啪啪"声，火焰呈橘黄色，并产生黑烟
热固性聚氨酯(UPR)	不产生火焰

区别热固性塑料和热塑性塑料的一个简单方法是将一加热源放到距塑料件约 25mm 处约 10s，如果材料变软则是热塑性塑料。

二、塑料的修理方法

塑料的修理方法有两种：焊接法和粘接法。塑料焊接只适用于热塑性塑料，而热固性塑料一般是不可焊接的。除少数情况外，都可使用黏合剂对塑料进行粘接修理。一般来说，热固性塑料损坏后不宜进行修理而应更换，而小的损坏(如裂纹)则可进行简单的粘接。通常需要修理的是热塑性塑料。表 7-2 所示为塑料的使用注意事项和修理方法。

表 7-2　塑料的使用注意事项和修理方法

ISO 识别码	耐热温度/℃	说　明	注意事项	修理方法
AAS	80	短时间内少量酒精无害(如快速擦拭表面油脂)	避免用汽油、有机溶剂、芳香溶剂	热空气焊接、厌氧(速溶)粘接、玻璃纤维修理、无空气焊接
ABS	80	短时间内少量酒精无害(如快速擦拭表面油脂)	避免用汽油、有机溶剂、芳香溶剂	化合物修补、无空气焊接
ABS/MAT				
ABS/PVC				

续表

ISO 识别码	耐热温度/℃	说　明	注意事项	修理方法
AES	80	短时间内少量酒精无害(如快速擦拭表面油脂)	避免用汽油、有机溶剂、芳香溶剂	
EPDM	100	酒精无害、短时间内少量汽油无害	大多数溶剂无害,但要避免浸渍在汽油、溶剂里	
PA	80	酒精、汽油无害	避免蓄电池被腐蚀	厌氧(速溶)粘接、玻璃纤维修理、无空气焊接
PC	120	酒精无害	避免汽油、制动液、蜡、除蜡剂及有机溶剂	厌氧(速溶)粘接、玻璃纤维修理、无空气焊接
PE	80	酒精、汽油无害	大多数溶剂无害	热空气焊接、无空气焊接
PP	80	酒精、汽油无害	大多数溶剂无害	热空气焊接、无空气焊接
PPO	100	酒精无害	用汽油快速擦拭油脂无害	玻璃纤维修理、无空气焊接
PS	60	短时间内少量酒精无害(如快速擦拭表面油脂)	避免浸渍在酒精、汽油和溶剂里	厌氧(速溶)粘接
PUR	80	短时间内少量酒精无害(如快速擦拭表面油脂)	避免浸渍在酒精、汽油和溶剂里	黏合剂修理、无空气焊接
PVC	80	短时间内少量酒精无害(如快速擦拭表面油脂)	避免浸渍在酒精、汽油和溶剂里	化合物修补、无空气焊接
RIM				黏合剂修理、无空气焊接
R RIM				黏合剂修理、无空气焊接
SAN	80	短时间内少量酒精无害(如快速擦拭表面油脂)	避免浸渍在酒精、汽油和溶剂里	热空气焊接、无空气焊接
TPO	80	酒精无害,短时间内少量汽油无害(如快速擦拭表面油脂)	大多数溶剂无害,但要避免浸渍在酒精、汽油和溶剂里	黏合剂修理、无空气焊接
TPR				黏合剂修理、无空气焊接

续表

ISO 识别码	耐热温度/℃	说　明	注意事项	修理方法
TPUR	60	短时间内少量酒精无害(如快速擦拭表面油脂)		黏合剂修理、无空气焊接
UP				玻璃纤维修理

塑料粘接或焊接之前的准备工作和清理极为重要，因为塑料制品的特点是结晶度大、表面光滑、张力小、湿润性差，这对塑料的粘接和焊接都极为不利。

不同塑料的处理方法不同，可从下列的表面处理方法中选择一种或多种并用。

(1) 对粘接部位进行脱蜡、脱脂处理。将具有脱蜡、脱脂功能的溶剂(塑料清洁剂)浸湿在布上进行擦拭，彻底清除粘接部位上的污物。

(2) 裂纹、穿孔部位的粘接，应该使用粗砂轮(36#)打磨坡口，增加粘接面积，且粗糙的表面也有利于粘接。如果打磨时出现滑腻现象(因表面熔化而变得光滑)，可涂粘接促进剂(可将光滑的塑料表面刻蚀呈多孔结构或对塑料表面进行火化改性——对塑料表面的化学处理)。

(3) 对需要粘接的部位进行火焰处理。采用富氧火焰，如汽油喷灯、煤气氧化焰、气焊中的氧化焰等烧烤塑料表面，通过表面氧化降解反应达到表面改性和活化的目的。另外，热量可消除塑料的内应力。

1. 塑料的焊接原理及焊接设备

塑料的特性与钢铁不同，因此焊接原理和特点也不同。

塑料焊接是利用热量把塑料基料和焊条加热或单独把焊条加热至熔融状态后使之粘接在一起。塑料焊条焊动的焊接特点是，因塑料的导热性极差，其在焊接过程中很难保持热量的均匀。加热时，塑料的表面已经软化而表层下面没有，若继续加热，可使塑料的铺展软化幅度加大，但表层已经烧焦。因此，塑料焊接都是采用非明火加热，如热空气加热焊接、无空气加热焊接、超声波焊接等。

塑料焊接时，为了形成好的结合力，要对塑料焊条施加压力。操作特点是一手加热焊条，另一手给焊条施加压力，如图 7-1 所示。

热空气塑料焊接是利用加热元件把一定压力的空气加热到 230℃～340℃，通过喷嘴喷到塑料上。典型的热空气塑料焊机及各种焊嘴，如图 7-2 所示。焊接时，可根据需要选择焊嘴。

(1) 定位焊嘴。定位焊嘴主要用于断裂板件或长的焊缝在真正焊接前的定位焊。进行定位焊时，必须将断口对准、固定，不使用焊条，而是将喷嘴头压紧断口底部，使两侧板件同时熔化形成定位焊点。必要时，要断开重新进行定位。

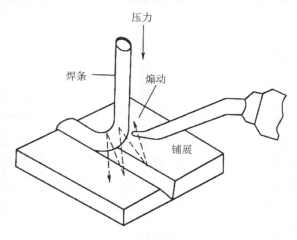

图 7-1 塑料焊接原理

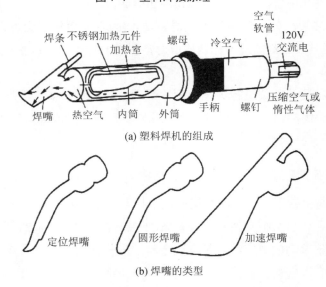

(a) 塑料焊机的组成

(b) 焊嘴的类型

图 7-2 热空气塑料焊机及各种焊嘴

(2) 圆形焊嘴。圆形焊嘴的焊接速度较慢，比较适合小型件和复杂件上短焊缝的焊接，尤其适合焊填小孔洞、尖角部位和难以靠近部位的焊接。

(3) 加速焊嘴。加速焊嘴主要用于长而直的焊缝。加速焊嘴夹持着焊条，并对焊条和焊件进行预热。一旦开始焊接，焊条自动进入预热管，由焊嘴端部的尖形加压掌(导门板)向焊条施加压力，所以用一只手即可完成操作，热量和压力均衡，而且焊缝更加均匀、一致，焊接速度也提高很多，平均速度可达 1000mm/min。加速焊嘴的使用方法如图 7-3 所示。

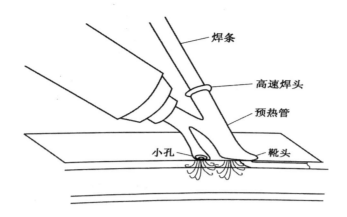

图 7-3　加速焊嘴的使用方法

2. 粘接法

粘接法有氰基丙烯酸酯黏结法和双组分法两种，其中，双组分法最常用。氰基丙烯酸酯是一种单组分快速固化黏合剂，它经常在涂敷最后的维修材料之前使用，当作填料或将各个部分固定在一起。氰基丙烯酸酯黏合剂有时被称为"超级胶"，它是一种很有用的塑料件维修工具，可以很快黏合。其主要缺点是经不起日晒雨淋，因而不能保障修理件耐用。

双组分黏合剂有环氧树脂和氨基甲酸乙酯两种，双组分是指由主料和固化剂混合均匀才能使用的黏合剂。主料和固化剂在使用前分别装在两个管中，使用时再按比例混合均匀(混合比例一般为 1∶1)。

无论使用何种黏合剂都应注意以下问题。

(1) 制造厂商提供的黏合剂产品系列通常包含两种或更多的类型，适用于不同的塑料种类。

(2) 产品系列通常包括粘接促进剂、填料及软涂料。

(3) 有些产品系列是为特定基体材料配方的，使用前最好查阅相关的说明书。

(4) 在产品系列中可能有适合各种塑料的软填料，也可能为不同的塑料提供两种或更多的填料。

3. 加热矫正法

许多弯曲、拉伸或变形的塑料件一般可以用加热的方法进行矫正。例如，热塑性的保险杠外罩和汽车内部包有聚乙烯的泡沫件，这是因为塑料的记忆性，也就是说，塑料件总是想保持或恢复至原来的形状。如果塑料轻微地弯曲或变形，对它进行加热就可以使其恢复到原来的形状。

热塑性塑料如有变形，可以用红外灯或电热吹风机加热变形部位及其周围，如图 7-4 所示，然后用手将变形部位修正即可，如图 7-5 所示。

 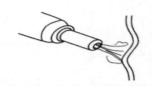

(a) 用红外灯加热变形部位　　　　(b) 用电热吹风机加热变形部位

图 7-4　加热变形部位

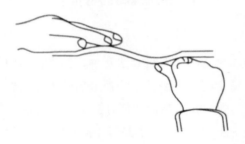

图 7-5　用手修正变形

任务二　塑料件焊接修复

学习目标

(1) 能够正确使用工具设备。

(2) 能够进行塑料保险杠的焊接修复作业。

一、设备、工具和材料准备

1. 防护用品的使用

塑料保险杠的焊接修复防护用品主要包括工作服、防护鞋、手套、工作帽、防护口罩。

2. 焊接修复使用工具

塑料保险杠焊接修复主要使用的工具有角磨机、塑料焊枪、电烙铁、热烘枪、塑料焊条、百叶片、直尺、大力钳等。

3. 焊接修复使用材料

塑料保险杠焊接修复所使用的主要材料有塑料清洁剂、塑料焊条、清洁布等。

二、塑料保险杠焊接修复

塑料保险杠主要焊接修复步骤如下。

1. 评估受损情况，确定维修区域

观察保险杠变形开裂部位，并反复触摸受损变形区域，用尺测量变形大小，以综合评估受损情况，然后使用热烘枪加热变形部位，塑料软化后，在背面用力使变形部位恢复正常形状，如图 7-6 所示。进一步修正变形部位的附近表面，使保险杠曲面尽可能恢复到受损前的形状。再继续加热开裂口，使裂口两边筋线尽可能对齐。用角磨机打磨掉受损区域的油漆，需要注意的是，打磨区域要大于开裂部位约 10mm，如图 7-7 所示。最后使用专用清洁剂清洁受损区域的内部和外部。

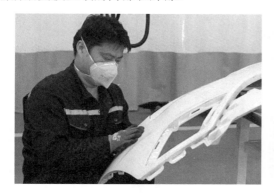 

图 7-6　评估受损情况并加热变形部位

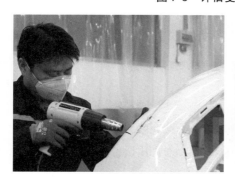 

图 7-7　加热使裂口两侧筋线对齐并打磨受损区域

2. 识别要修复的塑料性质，并在受力处开"十"字槽

本案例通过查看塑料件上的 ISO 识别码来确定维修的塑料为 PE，通过查表可知其为热塑性塑料，然后使用锋利的工具将焊接条的一端切成斜面。用电烙铁顺着裂缝开槽，以便填充塑料焊条。在受力处开"十"字槽，以增加粘接强度。

3. 用焊枪进行焊接

首先用焊枪加热塑料焊条，焊条软化后填充凹槽。用电烙铁逐条压实填充物，待所有凹槽都填充完后，用手进一步压实填充物，如图 7-8 所示。然后取下大力钳，用电烙铁加热开裂端口部位，以便填充塑料焊条。加热塑料焊条填充裂缝开口部位，并用手压实，如图 7-9 所示。

图 7-8   用焊枪进行焊接并用电烙铁压实填充物

图 7-9   加热开裂端口部位并用热塑料焊条填充裂缝

4. 打磨保险杠另一面，并用焊条填充裂缝

反转保险杠，打磨另一面的裂缝部位。加热塑料焊条填充裂缝的端口部位，并用手压实。在垂直于裂缝的位置填充塑料焊条，并用手压实，以增加开裂部位的强度，如图 7-10 所示。

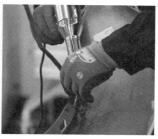

图 7-10　打磨保险杠另一面，并用焊条填充裂缝

5. 使用角磨机磨平维修表面

待填充物冷却后，用角磨机间歇式打磨表面，防止温度过高而软化。进一步修整筋线，使其形状与未损坏区域自然连接，如图 7-11 所示。

图 7-11　使用角磨机磨平维修表面并修整筋线

6. 检查修复后的表面，并进行喷漆

首先，用直尺检查修复后的表面。接着检查表面是否有砂眼，如有，则加热塑料焊条进行填充，如图 7-12 所示，然后，检查修复后的整体强度，最后进行喷漆。

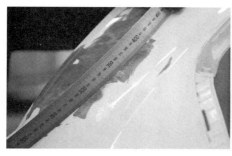

图 7-12　检查修复后的表面形状并对砂眼进行填充

7. 整理工具，按照 5S 管理标准整理场地

整理工具，按照 5S 管理标准整理场地，如图 7-13 所示。

图 7-13　整理工具

任务三　塑料件粘接修复

学习目标

(1)　能够正确使用工具设备。

(2)　能够进行塑料前翼子板的焊接修复作业。

一、设备、工具和材料准备

1. 防护用品的使用

塑料前翼子板的粘接修复防护用品主要有工作服、防护鞋、手套、工作帽、防护口罩。

2. 粘接修复工具

塑料前翼子板粘接修复主要使用的工具有角磨机、塑料焊枪、热烘枪等，如图 7-14 所示。

图 7-14　粘接修复工具

3. 粘接修复使用材料

塑料前翼子板粘接修复所使用的主要材料有塑料焊条、玻璃纤维布、环氧树脂、塑料清洁剂、黏结促进剂、黏合剂、固化剂、清洁布等，如图7-15所示。

图 7-15　粘接修复材料

二、塑料前翼子板粘接修复步骤

塑料前翼子板修复实操

塑料前翼子板主要粘接修复步骤如下。

1. 评估受损情况，确定维修区域

观察前翼子板变形开裂部位，并反复触摸受损变形区域，以评估受损情况。使用热烘枪加热变形部位，待塑料软化后，在背面用力使变形部位恢复正常形状。进一步修正变形部位附近表面，使曲面尽可能恢复到受损前的形状。加热开裂口，使裂缝尽可能对齐。用大力钳固定住开裂端口，如图7-16所示。

(a) 评估受损情况　　　　　　　　　(b) 用热烘枪加热变形部位

图 7-16　评估受损情况并加热变形部位

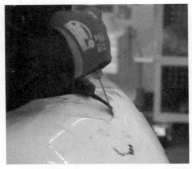

(c) 进一步修正变形部位附近表面

(d) 加热开裂口，使裂缝尽可能对齐

图 7-16 评估受损情况并加热变形部位(续)

2. 打磨受损区域，并进行焊接

用角磨机打磨掉受损区域的油漆，需要注意的是打磨区域要大于开裂部位约 10mm。用电烙铁顺着裂缝开槽，以便填充塑料焊条。在受力处开"十"字槽，以增加粘接强度。用焊枪加热塑料焊条，焊条软化后填充凹槽。填充完成后，用手压实。取下大力钳，用电烙铁加热开裂端口部位，以便填充塑料焊条。反转前翼子板，打磨另一面的裂缝部位，如图 7-17 所示。

(a) 打磨受损区域

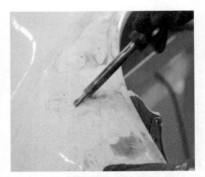

(b) 开槽以增加粘接强度

(c) 加热塑料焊条进行填充

(d) 用电烙铁加热开裂端口部位

图 7-17 打磨受损区域并进行焊接

(e) 打磨另一面

图 7-17　打磨受损区域并进行焊接(续)

3. 用环氧树脂和玻璃纤维布增加修复后的强度和硬度

首先，裁剪玻璃纤维布。其次，调制环氧胶水，将环氧树脂倒入量杯，并滴入固化剂，两者比例为 100∶2，并搅拌均匀。最后在前翼子板的正、反两面裂缝部位涂刷环氧胶水并覆盖玻璃纤维布，在玻璃纤维布上也涂刷环氧胶水，如图 7-18 所示。

(a) 裁剪玻璃纤维布

(b) 调制环氧胶水

(c) 在玻璃纤维布上涂刷环氧胶水

图 7-18　用玻璃纤维布和环氧胶水增加修复后的强度和硬度

4. 打磨修复表面并验证强度

等待胶水干后，用角磨机打磨玻璃纤维布表面，使其平整、光滑。晃动前翼子板，验证修复后的强度，如图 7-19 所示。最后对部件进行喷漆。

        (a) 打磨修复表面   (b) 晃动验证修复强度

图 7-19 打磨修复表面并验证强度

5. 整理工具，按照 5S 管理标准整理场地

整理工具，按照 5S 管理标准整理场地，如图 7-20 所示。

图 7-20 整理工具

职业素养提升

1. 了解汽车塑料件的修复方法，拓展思维、不断创新，并培养学生善于观察思考的能力

汽车车身塑料件使用过程中容易老化、失光、划伤、腐蚀等，不但影响车辆的整洁美观，还会影响这些零件的使用寿命及使用安全。想一想，除了上述方法，塑料件的修理还有没有其他方法。

2. 培养"匠人之技名于精"的工匠精神

汽车是由数万精密部件构成的，每一个部件都像精雕细琢的工艺品。汽车装配维修是一门技术，越是高难度的汽车维修，越需要维修技师的经验积累和一双巧手，只有具有工匠精神的技师，才能更好地完成维修作业。

课后练习题

一、填空题

1. 根据塑料的特性，可以分为(　　)和(　　).

　　A. 工程塑料　　　　B. 热塑性塑料　　　　C. 热固性塑料

2. 塑料件的修理方法有(　　)、(　　)。

　　A. 焊接法　　　　　B. 粘接法　　　　　　C. 敲击法

二、判断题

1. 塑料焊接时，为了形成良好的结合力，对塑料焊条要施加压力。　　　　(　　)

2. 热空气塑料焊接将空气加热到230℃～340℃后，通过喷嘴喷到塑料上。　(　　)

3. 许多弯曲、拉伸或变形的塑料件可以用加热的方式进行矫正。　　　　　(　　)

项目八

车身钢板的更换

任务一　拆卸后翼子板

学习目标

(1) 熟悉车身板件的连接方式。

(2) 熟悉车身板件的拆卸方法。

(3) 掌握钢板更换的维修品质。

(4) 掌握钢板更换的作业流程。

(5) 完成后翼子板的切割更换作业。

一、车身板件更换概述

1. 汽车车身外板件的连接方式

车身是由许多块板件组成的。若没有高超的技术来保障维修品质，则该受损钢板就应该更换。车身是用机械紧固和焊接两种方法将构成车身的众多板件连接在一起而成的。很多外板件(见图 8-1)用紧固件连接，如汽车的前翼子板、发动机罩、行李箱盖、保险杠等有关的金属构件，通常是用螺栓连接到框架上。更换这些板件时，只需拆卸紧固件即可。而像顶盖、侧围等板件是焊接的，更换这些板件时，则需要切割。

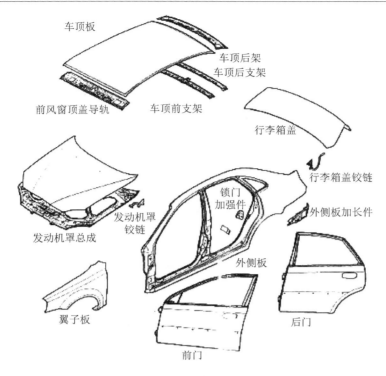

车顶板

车顶后架
车顶后支架

前风窗顶盖导轨　　车顶前支架

行李箱盖

行李箱盖铰链

锁门
加强件

发动机罩
铰链　　　　　　　　　　外侧板加长件

发动机罩总成

外侧板

翼子板　　　　　　　　　　　　　后门

前门

图 8-1　车身外板件

2. 焊接板件的更换方式

焊接板件的更换方式有两种，即一个板件总成的整体更换和一个零件的局部更换，后者也称为分割更换，具体如表 8-1 所示。

表 8-1　焊接板件的更换方式

更换方式	说　明	图　例
总成的整体更换	这种方式需以厂方零件的供应方式整组地更换损伤板件	

续表

更换方式	说　明	图　例
分割更换	这种方式需要先切割损伤的钢板,再更换相同部位的钢板,并在更换的地方进行焊接。 这种方式是在损伤钢板不能更换总成或是更换时技术有困难或作业效率太低时使用	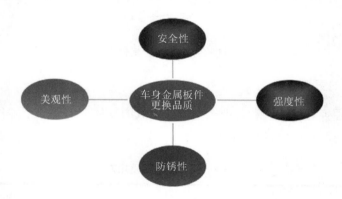

3. 焊接板件更换的品质要求

高品质的维修必须具有安全性、强度性、美观性、耐久性和防锈性。

图 8-2　焊接金属板件更换的品质要求

（1）强度。选择适合钢板更换的焊接方法和指定的螺栓、螺母，以使强度与新车的相同。车身钢板按照车身损伤维修手册中的焊接方式和焊接点数进行焊接组合，以提供应有的强度和刚性。虽然汽车厂和修理厂的焊接设备及钢板结构并不相同，但是维修时必须通过车身维修手册的辅助与专业技巧的结合，使车身获得应有的强度和刚性。

（2）安全。板件焊接完成后钢板是无法实施调整的，因此，必须在焊接前进行精确安装，保障功能零件(发动机和悬架)安装到正确的位置。给这些部件上安装发挥车辆基本功能(行驶、转向和停止)的功能组件。

（3）美观。车身外板的组装并不会影响车辆的基本功能，但会影响车辆外观品质。更换外板时，必须配合周边钢板和零件进行精确定位。

（4）耐久性和防锈性。车辆要耐用，则必须具有良好的防水和防锈性能，而这些性能在修理完成前就要充分地考虑到。一般情况下，防水和防锈处理不好时，不会立即出现问题，但在出现重大问题时再想对策就会变得非常困难，因此必须在维修过程中就保障其品质。

二、车身板件的拆卸方法

车身板件除了螺栓连接外，还有以下几种方式(见图 8-3)。

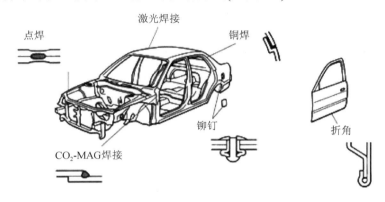

图 8-3 车身板件的连接方式

拆卸铆接部位，应钻除铆钉凸缘，如图 8-4 所示。拆卸折角加工部位，应磨除外钢板的弯角，如图 8-5 所示。

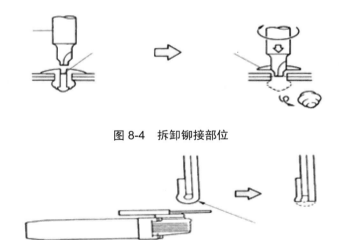

图 8-4 拆卸铆接部位

图 8-5 拆卸折角加工部位

车身焊接板件拆卸的主要作业就是分离点焊和分离连续焊缝。

1. 分离点焊

分离点焊的第一步是确定点焊的位置。可以用氧乙炔或丙烷焰焊矩、钢丝刷、砂轮等去除底漆、保护层或其他覆盖物。如果清除油漆后，点焊的位置仍看不见，可在两块板件之间用錾子錾开，这样可使点焊轮廓线显现，如图8-6所示。

确定点焊的位置以后，使用图8-7所示的点焊切割器钻掉焊接点。分离时要小心，不要切割到焊缝下面的板件，并且一定要准确地切掉焊接点，以避免产生过大的孔。

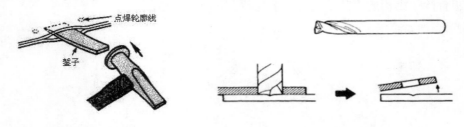

图 8-6　用錾子确定点焊位置　　　　　图 8-7　点焊切割器

2. 分离连续焊缝

有些板件是用连续的惰性气体保护焊(包括钢焊丝和铜焊丝)连接的。因为焊缝长，所以要用砂轮或高速砂轮机来分离板件。如图8-8所示，割透焊缝而不割进或割透板件。握紧砂轮并以45º角进入搭接焊缝。磨透焊缝以后，用锤子和錾子来分离板件。

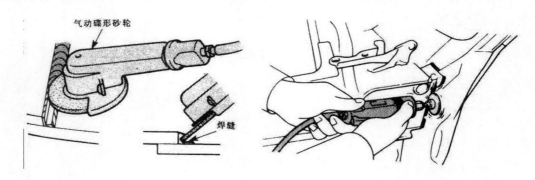

图 8-8　分离连续焊缝

三、拆卸后翼子板

严重的后端碰撞，以及中度的偏后侧面碰撞，会导致后翼子板变形严重，需要更换后翼子板。

1. 钢板更换作业流程

一般钢板更换作业流程如图 8-9 所示。

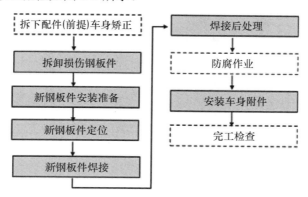

图 8-9 钢板更换作业流程

2. 安全防护

钢板更换作业中维修人员需做好安全防护工作,具体如表 8-2 所示。

表 8-2 安全防护

作 业	钢板切割(气动锯、錾子)	
防护用品	工作帽 耳塞 护目镜 防尘口罩 面罩 工作服 皮手套 安全鞋	
作 业	钢板研磨,做好焊接准备工作	
防护用品	工作帽 护目镜 防尘口罩 面罩 工作服 皮手套 安全鞋	

续表

作　业	点焊，钢板拆卸	
防护用品	工作帽 护目镜 工作服 皮手套 安全鞋	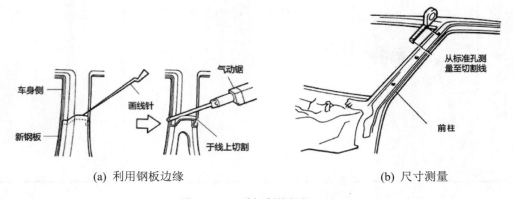

3. 气动锯使用注意事项

(1) 把锯片安装在气动锯上(将锯片的切割面朝向拉动方向)。

(2) 在开始工作前先滴入 1～2 滴气动工具润滑油，并空转气动锯约 5 秒。

(3) 将锯片的切割面抵住钢板的弯角部位并作一切割缝(开始切割时轻轻地下压气动锯，再逐渐加大力度)。

(4) 改变锯片的角度并开始切割钢板。根据钢板的厚度来调整锯片的角度(薄钢片：倾斜；厚钢板：垂直)。切割复合层构造部位时，要留意锯片的角度和行程。

4. 准备工作

拆除相关部件(如行李箱盖等)，并做好车身其他部位的防护工作，对作业可能产生影响的部位应盖上防火布，防止研磨的颗粒、焊接飞溅物损伤其表面。

5. 拆卸与分割后翼子板

钢板切换部位的切割间隙必须均匀，如果间隙不均匀，钢板的安装和焊接品质就会下降。钢板上切割线的指示法包括利用钢板边缘、尺寸测量、使用塑胶样板规和切除重叠部分 4 种。4 种切割线的指示法如图 8-10 所示。

(a) 利用钢板边缘　　　　　　　　　　(b) 尺寸测量

图 8-10　4 种切割线的指示法

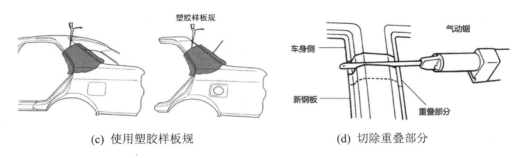

(c) 使用塑胶样板规   (d) 切除重叠部分

图 8-10 4 种切割线的指示法(续)

选择车身构件的切割位置时，必须依据在撞击试验中的损伤情况和下列条件来进行。切割位置的选择既不可位于撞击吸收区，也不可位于负荷应力集中区，同时所选择的切割位置在焊接后，所需涂装的面积小且表面易于涂装作业。后侧梁的可切割位置如图 8-11 所示。

首先用卷尺按照需要切割部位的尺寸要求在板上画线，如图 8-12 所示，经观察比较无误后，用气动锯进行切割(切割位置应参考维修手册，一般选择在车顶侧板接近车顶 200mm 左右的地方和车门槛板靠近轮眉 100mm 左右的地方)。切割的断口要比新件安装时的对缝多 20mm 左右。接着用点焊切割器去除焊点，并移走旧板。

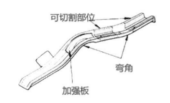

图 8-11 后侧梁的可切割位置

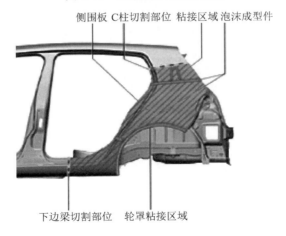

图 8-12 后侧梁切割位置

6. 车身侧焊接前准备工作

拆卸损坏的板件后，待修理的汽车要做好准备，以安装新的板件。其工作步骤如下。

(1) 从点焊区域磨掉焊缝的痕迹。用钢丝刷从连接表面上清除掉油泥、锈斑、油漆、保护层及镀锌层等。不要磨削结构钢板的边缘，否则会磨掉金属表面，使截面变薄并减小连接强度。此外，还要清除板件连接表面后面的油漆和底漆，因为这些部位在安装时要点焊，如图 8-13 所示。

(2) 相配合的凸缘上的凹坑和凸起，要用锤子和顶铁敲平，如图 8-14 所示。

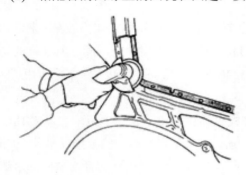
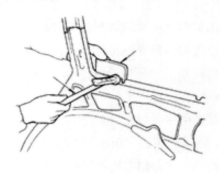

图 8-13　磨掉焊缝痕迹　　　　　图 8-14　零件整形(敲平凹坑和凸起)

(3) 油漆和腐蚀物已从连接面上清除，基体金属已经暴露的区域应涂上可焊透的底漆。对于连接的表面或在以后加工过程中不可能涂漆的区域，要采用防锈底漆进行防锈处理，如图 8-15 所示。

图 8-15　防锈处理

任务二　焊接后翼子板

学习目标

(1) 熟悉焊接的基本知识。

(2) 熟悉焊接在车身制造和车身维修中的应用情况。

(3) 熟悉气体保护焊的设备组成、结构、工作原理、特点和焊接工艺。

(4) 能够完成气体保护焊设备的日常维护工作。

(5) 能够完成后翼子板焊接作业。

一、认识焊接

汽车零部件的连接方法有三大类，即机械连接、焊接和粘接。它们在现代汽车制造和修理中都占有极大的比重。

焊接是利用热量将不同的金属零部件连接在一起的过程，焊接设备也可以用来切割金属。氧乙炔割炬及等离子弧焊枪均是利用热能切割金属。

1. 焊接类型

焊接分为三大类，即熔化焊、压力焊和钎焊，每一大类下又有很多具体的焊接方法。

1) 熔化焊

熔化焊是将被焊金属在焊接部位加热到熔化状态，并向焊接部位加入熔化状态的填充金属(焊条)，待焊条冷凝以后，两块被焊件即形成整体的焊接方法。

2) 压力焊

压力焊是用电极对金属焊接点加热使其熔化并施加压力，使之焊接在一起的方法。

3) 钎焊

钎焊是将熔点低于母材的钎料(钎焊填充材料)加热熔化滴在焊接区域，使工件焊接成一体的焊接方法。根据钎料熔化温度的不同，可分为软钎焊和硬钎焊。钎料的熔化温度低于450℃的是软钎焊，钎料的熔化温度高于450℃的是硬钎焊。

2. 焊接的特性

焊接广泛地应用于所有工业，汽车车身的维修中更是不可缺少。焊接有下列几项主要特性。

(1) 焊接的外形不受限制，并且具有强韧和稳固的接合能力。

(2) 可减轻重量(不需要增加接合件)。

(3) 对空气和水的密封性好。

(4) 生产效率高。

(5) 焊接点的强度与操作者的技术水平有关。

(6) 如果过多地加热，周围的钢板就会变形。

3. 车身维修中使用的焊接方法

传统上，车身的修理一直使用气焊(氧乙炔焊)和手工电弧焊来焊接汽车车身上的金属板零件和结构件。随着高强度钢板在整体式(承载式)车身上的广泛应用，气焊和手工电弧焊已经不适应现实的需求。因为它们都会导致高强度钢板过热，从而削弱钢板的机械性能，造成其性能恶化。

惰性气体保护焊有许多优点，且焊接效率高，因此在汽车撞伤修理中得到了广泛应用。采用惰性气体保护焊接方法可以对高强度钢板进行修理，而不会损伤或削弱车身板件的机械性能。

压力焊方法中，电阻点焊是汽车制造业，尤其是轿车制造业的最重要焊接方法，因此在轿车修理中应用较多。

钎焊时，工件受热的温度低于工件材料的熔点，这样不致影响工件的整体形状，因此广泛地应用于对车身密封、水箱、油箱以及空调管路等的修理作业中。

车身维修中，只有采用适当的焊接方法才可维持车身上原有的强度和耐久性，所以为了达到此要求，必须遵守以下基本事项。

(1) 焊接方法必须选择点焊、气体保护焊。

(2) MIG 铜焊和激光铜焊部位需要参照维修手册的要求来选择合适的连接方法。

(3) 不可使用氧乙炔焊接。

二、气体保护焊

1. 工作原理

焊接的原理是以焊线为电极，并使电极和母材之间产生电弧(放电)，再利用电弧产生的热能将焊线和母材熔化成一体。作业时焊线是以一定的速度自动输送的，所以此种形式又称为半自动电弧焊。另外，在作业中，储气筒会供应保护气体来隔绝焊接部位与空气接触，以防止氧化或氮化，如图 8-16 所示。

保护气体的种类由需要焊接的母材决定。大多数钢材都用二氧化碳(CO_2)进行气体保护，或者使用 75% 的氩气和 25% 的二氧化碳组成的混合气体(MAG 焊)，因为氩气比二氧化碳能产生更稳定的电弧，从而使焊缝更平整并减少了飞溅和烧穿现象，所以这种混合气体最适合焊接车身的高强度低碳钢薄板。而对于铝材，则根据铝合金的种类和材料的厚度，分别采用氩气或氩、氦混合气体进行保护(MIG 焊)。若在氩气中加入 4%～5% 的氧气进行气体保护，甚至可以焊接不锈钢。

轿车车身钢板通常采用 MAG 焊，它采用短路电弧的方法，这是一种独特的将熔化的金属液体滴到母材上的焊接方法。

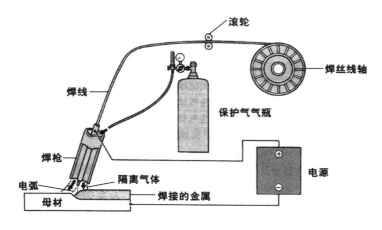

图 8-16　气体保护焊工作原理

2. 气体保护焊设备

车身修理作业使用半自动焊，工作过程中设备自动运行，但焊枪需要手动控制。市场上出售的气体保护焊机既可使用纯二氧化碳气体，也可使用纯氩气或使用二者的混合气体，只需简单地更换气瓶和调节器。

焊接设备由焊枪、焊线输送装置、隔离气体供给装置、控制装置和电源构成，根据组合方式的不同，可以有多种形式的机型。下面以图 8-17 所示的机型为例加以说明，其他机型的使用方法和基本结构都大同小异。

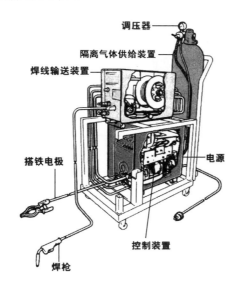

图 8-17　气体保护焊设备

(1) 焊枪。焊枪的作用是将隔离气体喷洒于焊接部位，同时输送焊接电流至焊线而产生电弧。另外，在焊枪的手柄上附有一个开关，可使操作者控制焊接作业的开始与结束。

(2) 焊线输送装置。焊线输送装置是将焊线输送到焊枪，而焊线是根据所使用的焊接电流、电压以一定的速度输送的。

(3) 隔离气体供给装置。隔离气体供给装置的作用是将储气筒中的隔离气传送到焊枪，它是由调整器和电磁阀组成的。其中，调整器的作用是将储气筒中的高压气体减压并控制气体流速。电磁阀是控制气体流出的开关。

(4) 控制装置。控制装置由大量半导体零件组成，它安装于电源内部。在控制装置接收到焊枪开关的信号后，控制焊线输送装置的动作、焊接电流的开启或关闭、隔离气体的供给与停止。其中，最重要的项目是控制焊线开始输送至停止输送，并且根据电流和电压调整焊线的送丝速度，使电弧的长度控制在一定的范围之内。

(5) 电源为提供产生电弧所需电力的装置。

3. 焊接工艺参数

影响焊接的因素有焊接电流、电弧电压、隔离气体的流量、电极与母材间的距离、焊枪角度和焊接方向、焊接速度及送丝速度等。其中，焊接电流、电弧电压和隔离气体的流量三个因素必须按操作手册来调整。

1) 焊接电流

焊接电流对母材的熔入深度(在焊接作业时母材熔入的深度)及焊线的熔化速度有很大影响。另外，焊接电流对电弧的稳定性和焊接时金属粒子产生的熔渣量也有相应影响。而焊接电流越大，熔入深度和焊珠的宽度也越大。焊丝直径、板厚和焊接电流的关系如表 8-3 所示。

表 8-3　焊丝直径、板厚和焊接电流的关系

直径/mm	板厚/mm					
	0.6	0.8	1.0	1.2	1.6	2.3
0.6	20～30A	30～40A	40～50A	50～60A	—	—
0.8	—	—	40～50A	50～60A	60～90A	100～120A
0.9	—	—	—	—	60～90A	100～120A

2) 电弧电压

高质量的焊接有赖于适当的电弧长度，而电弧长度是由电弧电压决定的，电压大则电弧长。在稳定焊接过程中，其他条件不变的情况下，随着电弧电压的增加，熔深和剩余金

属高度减小，而焊缝宽度增大。当电压适当时，将会听到很流畅的"吱吱"声音。若是电弧电压太高，则电弧长度会变长，另外，除了焊渣量增多外，"吧嗒"的噪声亦会增多。相反地，若电弧电压过低，则焊丝将不会产生电弧，而使焊丝黏着在钢板上产生"膨膨"的声音。

3）隔离气体的流量

需要注意的是，不能使隔离气体流量过大。若流量过大，反而会产生涡流而降低隔离效果。目前，使用的标准流量为10～15L/min。而流量的大小应配合喷嘴至母材的距离、焊接电流、焊接速度和焊接周围的环境(风速)来进行调整。

4）电极与母材间的距离

电极与母材间的距离是另一个影响焊接效果的重要因素。一般标准的距离为8～15mm，若距离太大，则焊线的熔化速度会变快，这是因为焊线凸出的长度过长，而过长的部分产生预热，因此电流流通量将减少，降低焊珠熔深。

同样地，距离过小也会减弱保护气体的隔离效果。如果距离太小，操作者将很难看到焊接区域，进而影响焊接质量。

5）焊枪角度和焊接方向

焊接方向有两种：前进法的熔入深度较浅且焊珠较高，后退法则有较深的熔入深度且焊珠较平。一般焊枪的角度与母材垂直面呈10°～30°。

6）焊接速度

在实施焊接作业时，必须依照母材的厚度调整正确的焊接电流和焊接速度，如此才能有良好的熔入深度和焊珠宽度。

若焊接电流不变，增加焊接速度，则会减少熔入深度和焊珠宽度而使焊珠凸出，从而达不到焊接强度要求。若焊接速度太慢，会使母材过热而产生熔穿现象。一般来说，板厚为0.8mm的薄钢板，其焊接速度为105～115cm/min。通常焊接钢板越厚，焊接速度越慢，具体如表8-4所示。

表8-4　焊接速度

板厚/mm	焊接速度/(cm/min)
0.8	105～115
1.0	100
1.2	90～100
1.6	80～85

7) 送丝速度

如果送丝速度太慢，随着焊丝在熔池内熔化并熔敷在焊接部位，将可听到"嘶嘶"声或"啪哒"声。此时产生的视觉信号为反光的亮度增强。

如果送丝速度太快则将堵塞电弧，这时焊丝的熔敷速度大于熔池吸收速度，进而产生飞溅。这时产生的视觉信号为频闪弧光。

4．焊接方法

焊接方法如表 8-5 所示。

表 8-5　焊接方法

焊接方法	特　　性
填孔焊	填孔焊接是车身修理中使用最频繁的焊接方法之一，其应用于无法进行点焊的特殊部位，或是使用点焊接而不能达到理想强度的部位 对两块或两块以上重组在一起钢板的上板钻孔，然后用熔融金属将孔填满 若焊接的钢板厚度非常厚，则填孔的孔径必须加大。 板　厚 / 孔　径 1.0mm / 至少 5 mm 1.0～1.6 mm / 至少 6.5 mm 1.7～2.3 mm / 至少 8 mm 2.4 mm 以上 / 至少 10 mm
搭接焊	搭接焊是在重叠两片钢板的边缘进行焊接，使钢板结合成一体的焊接方法 用于车身上无法实施点焊或填孔焊接的部位 此种方法通常应用于制造大梁时的焊接

续表

焊接方法	特　性
对接焊	将两片钢板置于同一平面上，并把两片对接钢板的缝隙填满而接合成一体。此种方法用于无法进行重叠焊接的部位 用于切割和接合的焊接钢板上 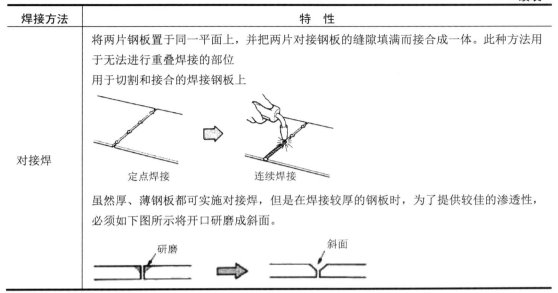 定点焊接　　　　　　连续焊接 虽然厚、薄钢板都可实施对接焊，但是在焊接较厚的钢板时，为了提供较佳的渗透性，必须如下图所示将开口研磨成斜面。 研磨　　　　　　　　斜面

三、电阻点焊

1. 工作原理

电阻点焊，简称点焊，属于压力焊，这是根据焊接原理来定义的、与气体保护焊的点焊不同，它是利用焊钳两极之间低压电流流过两块金属产生的电阻热和焊接电极的挤压力来实现金属板材的焊接，电阻热产生的温度能让金属即刻熔化，如图 8-18 所示。

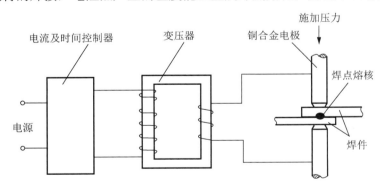

图 8-18　电阻点焊工作原理

点焊有加压、通电和保持三道程序。

(1)　加压。母材置于两电极间，通电前先加压，使大电流能集中由某一小区域通过。

(2)　通电。在电极上通大电流，当电流流经两片母材时，接合部位(此处电阻最大)产生焦耳热，使该部位的温度急剧上升；再继续通上电流，使母材的接合部位熔化并因电极所加的压力而接合为一体。

(3) 保持。停止通电时，母材的接合部位逐渐地冷却，然后形成焊点。

2. 电阻点焊工艺参数

1) 焊接电流

焊接电流是影响热量的主要因素，热量与电流的平方成正比。随着焊接电流的增大，熔核的尺寸或焊透率将增加。正常情况下，焊接区的电流密度应有一个合理的上、下限。低于下限，热量过小，不能形成熔核；高于上限，加热速度过快，则会发生飞溅，使焊点质量下降。需要注意的是，当电极压力增大时，产生飞溅的焊接电流上限值也增大。

在生产中，当电极压力给定时，通过调整焊接电流，只要使其稍低于飞溅电流值，便可获得最大的点焊强度。可以观察焊点部位的颜色变化判断电流的大小，电流正常时，焊点中间电极触头接触部分的颜色不会发生变化，与未焊接之前的颜色相同；电流过大时，焊点中间电极触头接触部分呈蓝色。另外根据焊点的压痕深度也可以判断电流的大小，正常的压痕深度不超过板件厚度的一半。当电流较大时，由于飞溅较多，压痕很深；当电流较小时，熔化的金属较少，压痕较浅。前提条件是电极压力正常。

2) 电极压力

电极压力既影响焊点的接触电阻(因此影响热源的强度与分布)，又影响电极散热的效果和焊接区塑性变形及核心的致密程度。当其他参数不变时，增大电极压力，则接触电阻减小，散热加强，因而总热量减少，熔核尺寸减小。特别是焊透率降低很快，甚至没焊透；若电极压力过小，则板间接触不良，其接触电阻虽大却不稳定，甚至出现飞溅和烧穿等。

电极压力取决于被焊材料种类、厚度和焊接规范。若被焊材料的高温强度大，则必须增大电极压力；若材料的厚度增大，则必须增大电极压力；若选择的材料太硬，塑性变形困难，同时为防止飞溅，也必须增大电极压力。

一般情况下，若焊机容量足够大，在采取增大电极压力的同时，相应地也增大焊接电流，以提高焊接质量的稳定性。

3) 焊接时间和加压时间

焊接时间是指焊件通电时间，它既影响热量的产生又影响散热。在规定焊接时间内，焊接区产生的热量除部分散失外，将逐渐积累用于加热焊接区，使熔核逐渐扩大到所需的尺寸。所以，焊接时间对熔核尺寸的影响也与焊接电流的影响基本相似，焊接时间增加，熔核尺寸随之扩大，但焊接时间过长就会引起焊接区过热、飞溅和搭边压溃等。通常是按焊件材料的物理性能、厚度、装配精度、焊机容量、焊前表面状态及对焊接质量的要求等确定通电时间长短。

加压时间是指从焊件通电之前开始加压直至焊点处的金属冷却形成焊核所需的时间。

这个时间必须保障焊点位置形成一个圆形、呈扁平状的焊核。

4) 点焊的位置

虽然每个焊点的强度受到三个要素(压力、焊接电流、通电时间)的影响，但是整个焊接强度则是受到点焊间距(两焊点之间的距离)和边距(焊点至母材边缘的距离)的影响。

点焊的间距越小，其焊接强度越强。若间距小于某个限度时，焊接强度将不会增加，这是因为有部分电流流向前一个焊点，此电流称为"分散电流"。该分散电流阻碍了焊接区域的温度的升高。因此，焊点的间距必须大于某个距离以防止分散电流的产生。

另外，若边距太小，则焊接部位所熔化的熔浆会流到母材外面造成母材穿孔，或使焊接部位变薄而达不到应有的强度。点焊的位置要求如表8-6所示。

表8-6 点焊位置

单位：mm

板厚	间距 S	边距 P
0.6	11	5
0.8	14	5
1.0	18	6
1.2	22	7
1.6	29	8

3. 电阻点焊设备

电阻点焊机由变压器、控制器、可更换电极臂和可更换电极头组成，如图8-19所示。

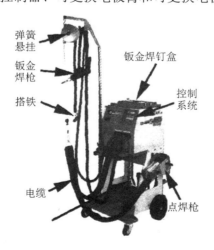

图8-19 电阻点焊机

1) 变压器

变压器将低电流高电压(220V 或 380V)转变为安全的高电流低电压(2～5V)，这样避免了操作者触电的危险。变压器可以和电极臂做成一体，或者远距离安装通过电缆与电极臂相连，远距离安装的变压器由于有电缆造成电流损失，所以应使用较大的焊接电流以弥补这种损失。当使用加长型电极臂时，由于有电流损失也应相应调高电流强度。

2) 控制器

控制器用来调节焊接电流的大小和精确的焊接时间。

焊接电流的大小与工件的厚度、电极臂的长短等因素有关，一般情况下，工件厚度较大、电极臂较长时应使用较大的电流。

3) 可更换电极臂

可更换电极臂可用来对工件施加压力并接入焊接电流。用于整体式车身修理的电阻点焊机带有全范围的可更换电极臂，能够焊接车身上各个部位的板件。电极臂应根据焊接部位来确定，原则是尽量选择最短的电极臂。

4) 电极头

电极头是电阻点焊中不可缺少的部分，它安装于焊钳臂的电极上，常见的电极头材料为铜合金。按照电极头的形状可分为平面型、凸面型和球形，用于焊接不同形状的工件。在点焊的过程中难免会产生焊接缺陷，如飞溅，当飞溅产生后，电极头会粘上被焊金属的材料，如果不及时清理，在后续的焊接过程中，缺陷会持续产生，通常用砂纸和锉刀可进行磨削，但这并不是最佳方案，最好是在发现电极头粘有被焊工件的金属时，更换电极头。电阻点焊机在汽车制造领域与维修领域皆有应用。目前，大部分 4S 店的钣金维修车间都有电阻点焊机，在进行电阻点焊之前，要观察一下，在焊钳臂上是否有电极头，如果没有，需要加上，方便后续焊机的保养。当然，有很多钣金师傅还是更喜欢在新旧件结合时，采用塞孔焊，而后对焊疤进行打磨，但是这种维修方式中涉及了"动火作业"，而且火星四溅，需要在车辆维修时，对驾驶室等部位进行隔绝，避免火星飞入，电阻点焊能很好地避免这些问题，因为电阻点焊不属于"熔焊"范畴，它的物理原理是焦耳定律，用电阻热产生熔核。

四、焊接后翼子板

1. 安全防护

焊接准备、防锈处理和气体保护焊的安全防护用品如表 8-7 所示。

表 8-7　焊接准备、防锈处理和气体保护焊的安全防护用品

作　业	焊接准备、防锈处理	
防护用品	工作帽 护目镜(除漆膜、焊接准备、车身密封和施涂底漆) 口罩(除漆膜、车身密封和施涂底漆) 工作服 皮手套 防溶剂手套 安全鞋	
作　业	气体保护焊——从预设焊机至焊接作业	
防护用品	工作帽 焊接防护面罩 口罩 工作服 皮围裙 皮手套 皮护腿 安全鞋	

2. 新板件切割准备

(1)　测量尺寸并贴上遮蔽胶带，沿着胶带边缘粗切割钢板，确保新板件与旧板件有 20～30mm 的重叠，如图 8-20 所示。如果搭接部分太大，装配时板件的配合调整则比较困难。

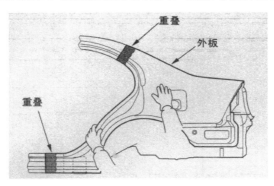

图 8-20　新板件与旧板件接头部分重叠

(2)　用圆盘打磨机清除点焊区域两边的油漆，需要注意的是，不要磨削到板件，并且不能使板件过热变成蓝色或开始变形。

(3)　对清除油漆层的焊接表面，要使用可焊透底漆(进行防锈处理)。涂抹焊透底漆时要

小心，以防从连接表面上渗出。

(4) 为了塞焊，要用冲孔机或钻头钻孔。一定要参照每类车辆的车身修理说明书来确定塞焊孔的数量。通常情况下，孔的数量比在工厂总装线上的点焊数要多。要确保塞焊孔的直径合适，后翼子板建议塞焊孔的直径为5～6mm。

3. 新板件的切割

首先，使用塑胶样板规刻画切割线；其次，使用气动锯在切割线上进行切割，如图8-21所示。需要注意的是，在使用气动锯切割时，要防止钢板变形。钻出用于气体保护塞焊的孔，其直径为8mm，并将粘接表面打磨至裸露出金属。

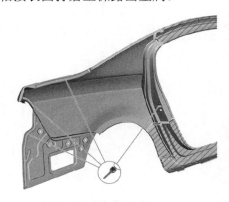

图 8-21　比照新板件切口划定切割线

4. 新翼子板的定位

(1) 确认与后车门的装配间隙，同时调整前、后方向，并用大力钳固定车门开口的凸缘。

(2) 确认与行李箱盖的装配间隙(前面)，同时调整左、右方向，在后风窗玻璃下端固定。

(3) 确认与行李箱盖的装配间隙(后面)，同时调整左、右方向，在下围板处用大力钳固定。

5. 新板件焊接

(1) 检查与加装件是否匹配。

(2) 焊接侧围板，采用电阻点焊焊缝和气体保护塞焊焊缝，如图8-22所示。

(3) 焊接切割部位，允许选择采用金属惰性气体保护连续焊，如图8-22所示。

(4) 对轮罩法兰进行卷边。

(5) 清除溢出的黏合材料，并对轮罩进行密封。

(6) 焊接后窗玻璃开口的原连接，采用电阻点焊焊接，如图8-22所示。

(7) 焊接剩余的连接，既可采用气体保护塞焊，也可采用气体保护连续焊焊接。

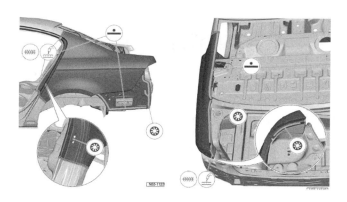

图 8-22　后翼子板焊接

6. 打磨焊接部位

轻轻地打磨焊点部位表面的痕迹。明显看到的部位必须研磨至平滑，不明显的部位则可大略研磨。

7. 防锈处理

(1)　喷涂底漆。在没有涂膜的部位实施清洁及清除油脂作业，然后喷涂底漆。

(2)　涂抹车身密封胶。在涂抹面进行清洁及清除油脂作业，于钢板接合面涂抹车身密封胶。根据各车型的车身损伤维修手册，涂抹于更换钢板的背面；明显可看到的部位须加以修饰。

8. 调整装配间隙

(1)　调整行李箱盖的前、后方向(将行李箱盖和后翼子板后侧对齐)。

(2)　调整行李箱盖和后翼子板的左、右间隙及偏差。

(3)　调整行李箱盖的高度。以左、右侧的间隙来调整；在安装孔内实施调整；调整钢板的装配间隙后，调整零件的装配间隙。

职业素养提升

"全国五一劳动奖章""国务院政府特殊津贴""全国技术能手""湖北省行业技术能手""湖北省首席技师""湖北省五一劳动奖章"等，作为十堰亨运集团省级高技能人才工作站和"张龙劳模创新工作室"牵头人，张龙获得了诸多荣誉。

课后练习题

一、选择题

1. 进行 MIG 焊接时，导电嘴到板材的距离太大，会有怎样的后果？（　　）

    A. 焊丝熔化速度加快

    B. 焊丝从焊炬端部的伸长部分加长，焊丝处于过热状态

    C. 减小保护气体的作用

    D. 上面所有

2. 操作气体保护焊时，枪移动太快会导致（　　）。

    A. 金属上产生孔　　　　　　　　　B. 熔池太大

    C. 熔透性不好　　　　　　　　　　D. 上面的所有现象

3. 下列（　　）不是气体保护焊的优点。

    A. 焊接方法容易掌握　　　　　　　B. 焊件不容易变形

    C. 可焊接不相熔的金属　　　　　　D. 无焊渣

4. 以下（　　）属于不可拆卸连接。

    A. 折边连接　　　　　　　　　　　B. 卡口连接

    C. 焊接螺母连接　　　　　　　　　D. 以上都是

5. 使用电阻点焊进行焊接时，防腐作业是在（　　）进行。

    A. 焊接后全车身一起进行防腐　　　B. 焊接后马上进行该部位防腐

    C. 焊接之前进行　　　　　　　　　D. 以上都不对

二、判断题

1. 100% 的 CO_2 气体适用于厚钢板的焊接。　　　　　　　　　　　　　（　　）

2. 修复时，应在制造厂原有焊点之间进行二氧化碳保护焊的塞焊。　　　（　　）

3. 如果车辆制造商没有建议，塞焊时建议结构件焊孔直径为 8mm。　　　（　　）

4. 电阻点焊时焊点的密度越大，焊接后强度则越高。　　　　　　　　　（　　）

5. 对一个部件进行电阻点焊时，可以按照一个方向连续进行。　　　　　（　　）

参 考 文 献

[1] 和豪涛. 汽车车身修复技术[M]. 北京：机械工业出版社，2017.

[2] 陈勇. 汽车车身修复技术[M]. 2 版. 西安：西安交通大学出版社，2018.

[3] 曾鑫. 汽车车身修复[M]. 北京：化学工业出版社，2010.

[4] 顾平林. 汽车碰撞钣金修复技巧与实例[M]. 北京：机械工业出版社，2010.

[5] 韩星. 汽车车身修复技术[M]. 北京：人民交通出版社，2009.

[6] 郭建明，李占锋. 汽车车身测量与校正[M]. 北京：人民交通出版社，2011.

[7] 李大光，冀鹏辉. 汽车车身修复技术[M]. 北京：人民交通出版社，2012.